HENRY ROUJON

En marge du Temps

PARIS

LIBRAIRIE HACHETTE ET Cie

79, BOULEVARD SAINT-GERMAIN, 79

1908

Droits de traduction et de reproduction réservés.

En marge

du Temps

OUVRAGES DU MÊME AUTEUR

A LA LIBRAIRIE RUEFF:

Au milieu des Hommes, un volume in-12. . . 3 fr. 5o
La Galerie des Bustes, un volume in-12. . . 3 fr. 5o

A LA LIBRAIRIE OLLENDORFF:

Miremonde (Conte moral). Avec une préface
d'Alexandre Dumas. . . . . 2 fr. »
(Ouvrage couronné par l'Académie française).

A PAUL HERVIEU

DE L'ACADÉMIE FRANÇAISE

Cher Ami,

Ces chroniques, que le journal *Le Temps* a bien voulu accueillir, ont été écrites au caprice des événements et au hasard des souvenirs.

Elles trouvèrent parfois en vous un juge indulgent. Laissez-moi les placer sous votre patronage, maintenant qu'elles forment, sinon un livre, du moins un volume.

En voyant votre nom en tête de ces pages, le lecteur me fera confiance et croira à ma sincérité.

H. R.

EN MARGE DU TEMPS

LE MARI DE MADAME SANS GÊNE

La popularité dont le théâtre fait briller la maréchale Lefebvre ne doit pas effacer le souvenir de son mari. Le prince consort de Mme Sans-Gêne mérite d'être honoré pour lui-même. Cet homme si brave était tout à fait un brave homme et le contraire d'un naïf. On s'imagine trop complaisamment qu'il était d'esprit un peu court ; les historiens caricaturistes lui feraient jouer volontiers le rôle du Ramollot de l'Épopée. Ce paysan alsacien était au contraire confit en finesse. Hoche, dont il avait été sergent instructeur, lui écrivait de Bonn, à la date du 13 germinal an V : « Les avis que tu peux me donner, mon cher Lefebvre, seront toujours de ceux que je suivrai le plus volontiers. Tu sais que ta franchise t'honore autant à mes yeux que ta valeur et tes talents. Éclaire-moi donc sur les hommes que tu appelles des flatteurs. Tu m'obligeras. » Si Hoche avait assez vécu pour devenir empereur, il n'eût pas manqué de nommer Lefebvre membre du Sénat conservateur. A défaut de Hoche, Napoléon se chargea de ce soin.

Lefebvre est pour la postérité un « sympathique », parce que, devenu maréchal, préteur du Sénat, duc et millionnaire, il resta peuple jusqu'à la moelle des os. Les grandeurs ne le firent changer ni d'âme ni d'orthographe. A-t-il prononcé la magnifique parole qu'on lui prête : « Je suis un ancêtre ! » ? C'est d'une rédaction un peu bien littéraire ; il a dû dire quelque chose comme cela, mais autrement et mieux. Un vrai mot de lui, c'est sa déclaration aux ingénieurs du siège de Dantzig : « Je n'entends rien à vos affaires. Fichez-moi un trou, et je me charge de passer ! » Ici, il n'y a pas trace de littérature. C'est du Lefebvre pur.

Ceux qui aiment à déboulonner les renommées insinuent volontiers que l'honneur d'avoir pris Dantzig n'appartient pas à Lefebvre, mais à Chasseloup-Laubat. Il est sage, en ces délicates matières, de s'en rapporter à la compétence de Napoléon. La correspondance de l'empereur, en rendant justice à chacun, laisse au maréchal Lefebvre la meilleure part. « Je compte, écrivait le maître, que pour mon bouquet du 1er mai, vous m'enverrez les clefs de Dantzig. » Et l'empereur ajoutait, sachant bien à qui il parlait : « C'est lorsqu'on veut fortement vaincre que l'on fait passer sa vigueur dans toutes les âmes. » Lefebvre voulait fortement être vainqueur. Parfois, un peu embarrassé parmi tant de techniciens, il avait ses heures d'indécision et d'angoisse. Le réconfort lui venait

avec le courrier impérial : « Je vous croyais plus de
caractère et d'opinion... Chassez de chez vous, à coups
de pied au c..., tous ces petits critiqueurs... Ne prenez conseil que de Chasseloup et de La Riboisière, et
moquez-vous du reste... Ne doutez jamais de l'estime que je vous porte. » Même après la victoire, le
maréchal tremblait comme un conscrit de la peur
d'avoir mécontenté Napoléon. Il avait pourtant reçu
ce *satisfecit* d'une simplicité sublime : « Je vous fais
mon compliment de la prise de Dantzig. » Mais vis-
à-vis du vaincu, le général prussien Kalckreuth, il
craignait d'avoir exagéré la chevalerie. Le soldat de
la Révolution s'était piqué de gentilhommerie envers
un vétéran de la guerre de Sept ans. Le comte de
Kalckreuth, élève de Frédéric, jouissait d'un bon
renom dans l'armée française. En 1793, il avait permis aux Mayençais de sortir de la place avec les honneurs de la guerre. Sa générosité avait autorisé le
défilé de ces troupes, que Gœthe vit passer devant
lui, « sérieuses et mécontentes, mais non abattues ni
humiliées. Une colonne de Marseillais, petits, noirs,
bariolés, déguenillés, s'avançait à petit pas ; on eût
dit que le roi Edwin avait ouvert la montagne et
lâché sa joyeuse armée de nains. Tout à coup, la
musique fit entendre la *Marseillaise*. L'effet fut saisis-
sant et terrible ». Nous devions à Kalckreuth, alors
qu'il capitulait dans Dantzig, une égale courtoisie.
Lefebvre le traita mieux encore qu'il n'avait traité les
Mayençais. Le vieux seigneur prussien, rompu depuis l'enfance aux façons françaises, prit congé de

l'ennemi presque tendrement. Lorsque Suchet prononça à la Chambre des pairs, dans la séance du 12 juin 1821, l'éloge funèbre du maréchal Lefebvre, il donna lecture de la lettre du comte de Kalckreuth à son vainqueur. Le « Nestor de l'armée prussienne » s'exprimait ainsi :

« Monsieur le maréchal, je ne laisserai point partir M. le général Jarry, dont j'ai tout lieu de me louer, sans remercier Votre Excellence de cet accompagnement et de toutes les bontés que vous m'avez manifestées. Je ne les oublierai jamais, monsieur le maréchal ; j'attacherai désormais le plus grand prix à votre amitié... Je répète aussi ce que j'ai dit à M. le général Jarry, que je suis bien aise de ne pas avoir connu Votre Excellence principalement avant le siège ; il m'en aurait trop coûté de m'occuper à vous faire du mal. Jouissez, monsieur le maréchal, partout où se tourneront vos pas, de vos succès, de votre gloire bien méritée, dans une félicité inaltérable. Quand je reverrai des Français, demander des nouvelles de Votre Excellence sera toujours une *question initiative*. C'est ainsi, mon respectable adversaire, que je vous fais mes adieux. »

Relire cette lettre, adressée par un soldat des anciennes guerres à un héros de l'armée nouvelle, ne trouvez-vous pas que cela repose des articles de M. Hervé ? Lefebvre, sous sa rude écorce, se sentit atteint en plein cœur. Toutefois la terreur de n'être point approuvé par l'empereur troublait sa joie. Napoléon avait bien envoyé un mot d'ordre de générosité, « voulant donner à Kalckreuth une marque particulière d'estime, due à son caractère et à la conduite qu'il a toujours tenue avec les Français ». Mais que dirait-il en apprenant que la garnison prussienne avait été autorisée à garder ses fusils ? Lefebvre écrivit à l'empereur pour expliquer sa conduite. La réponse ne comporte aucun blâme ; à peine un regret s'y laisse-t-il deviner : « Je n'en suis pas moins très satisfait de vos services. Je vous en ai déjà donné des preuves que vous apprendrez aux premières nouvelles de Paris et qui ne vous laisseront aucun doute sur le cas que je fais de vous. »

C'était le duché. Le maréchal et Mme Sans-Gêne ne l'avaient pas volé. Un imbécile quelconque complimentait le nouveau duc de la magnificence de son costume : « Ma foi, oui, monsieur, lui dit Lefebvre, mon habit est superbe. Mais il y a vingt-cinq ans qu'il est commencé et il n'y a pas longtemps qu'il est fini. » Thiébault raconte, dans ses *Mémoires*, un autre trait qui montre chez le duc de Dantzig bien de la malice, sous la bonhomie du garde-française. Un parasite, qui dînait chez Lefebvre, s'extasiait sur la somptuosité du repas, sur la richesse des meubles, sur la vaisselle et sur le couvert. Le vieux soldat madré sentait l'envie percer à chaque mot. « Vous voudriez bien, s'écria-t-il, avoir tout cela ! Je suis tout prêt à vous le donner. Allez vous mettre de l'autre côté de ma cour ; je vous tirerai deux cents coups de fusil ; si après cela vous vivez encore, tout ce que vous admirez ici sera à vous. » L'invité trouva que

c'était trop cher. « Moi, lui dit le maréchal, j'ai gagné tout ce que vous voyez au prix de dix mille coups
de fusil, qui m'ont été tirés de plus près que je ne
vous les tirerais. » L'invité persista à refuser.

Le mari de Mme Sans-Gêne, avec quelques vertus,
avait donc de l'esprit par-dessus le marché. Quelqu'un disait à Rapp: « Vous ne manquez pas de
finesse, vous, avec votre visage innocent. » Rapp répondit : « Il y a un homme qui en a davantage.
C'est le maréchal Lefebvre. — Pourquoi donc? —
Parce qu'il a l'air encore plus bête que moi ! »

LE HURON AU CONGRÈS DE VERSAILLES

Pendant la nuit de mercredi dernier, il a été donné à l'hôtel des Réservoirs, déserté par les congressistes, un souper qui marquera dans les fastes de l'occultisme.

Quelques Parisiens des deux sexes recevaient l'hospitalité d'un savant audacieux qui excelle depuis quelque temps à dérober les secrets de l'au-delà. Le principal convive du docteur R... n'était autre que l'esprit, évoqué et matérialisé pour la circonstance, d'Hercule de Kerkabon, cet Ingénu, jadis débarqué de Huronie en Basse-Bretagne, dont M. de Voltaire a conté l'édifiante histoire.

L'Ingénu se comporta toute la soirée comme il sied à un Huron philosophe qui a mérité pendant sa vie mortelle l'honneur du baptême et le commandement d'une compagnie de cavaliers. Il venait d'assister dans la tribune diplomatique aux opérations du Congrès de Versailles. Aussi l'impatience était-elle grande de connaître ses sentiments. La première interrogation fut posée par une de nos plus charmantes comédiennes, désireuse de savoir pour quelle cause il portait à l'épaule gauche un nœud de rubans noirs.

« C'est, dit-il avec une mélancolie touchante par sa simplicité même, que je conserve dans l'autre monde le deuil de Mlle de Saint-Yves, qui fut pour moi, en celui-ci, la plus indulgente des marraines et la plus sensible des amantes. »

Les dames furent attendries. Aussitôt chacun des convives le pressa de questions.

« J'observe, répondit l'Ingénu, que les Français demeurent vifs et interrogants. Mais, ainsi que je le disais à la table du bon prieur de Notre-Dame de la Montagne, quand il me traita, en compagnie de son aimable sœur, du receveur des tailles et du plus curieux des baillis : comment voulez-vous que je vous réponde, quand vous m'empêchez de vous entendre ? »

Le reporter d'un grand journal du matin, s'emparant de la parole au nom de tous, somma le fantastique convive de se laisser prendre une interview. Il fallut lui traduire le sens de ce mot.

« J'admire, fit l'Ingénu, qu'un peuple dont le vocabulaire a été fixé heureusement par les écrits de M. Arouet, croit nécessaire de recourir à un terme étranger pour définir le penchant naturel des Français à l'indiscrétion. Mais le délicieux philosophe, qui fut mon père spirituel, enseigne que nous devons tout recevoir des Anglais. »

Ces paroles furent interprétées comme une allusion, d'un goût délicat, aux avantages de l'entente cordiale.

L'Ingénu poursuivit :

« En répondant à l'appel du docteur R..., j'étais anxieux de voir comment vous pratiquez la liberté. J'avoue que je nourrissais quelques préjugés à votre endroit. En outre, il m'était douloureux de me retrouver dans ce parc où j'ai erré tristement, avant que le perfide Saint-Pouange osât rendre à la tendre Saint-Yves ma liberté au prix de sa pudeur. Les jeunes commis employés par vos ministres, s'ils sont nombreux, m'ont paru incapables de suborner les marraines des honnêtes gens. Quant aux jardins du roi Louis quatorzième, toujours somptueux, je les ai trouvés embellis et mieux pourvus d'ombrages ; il me plaît que l'éclat des marbres et la splendeur des ors aient reçu la caresse du temps.

« Pour ce qui est des opérations du Congrès lui-même, je déclare qu'elles m'ont paru admirables de tous points. Tout enfant, j'assistai plusieurs fois, en Huronie, à l'élection d'un Sachem. Je ne puis comparer votre Assemblée qu'à une de ces réunions majestueuses sur lesquelles planait le Grand-Esprit.

« Des gens, que je soupçonne d'accointance avec une congrégation fameuse, m'avaient prédit qu'une transmission de pouvoirs ne pouvait se passer chez vous sans tumulte et que j'allais assister à une scène des Petites-Maisons. Qu'ai-je vu, au contraire ? Des hommes de tout âge, pleins de réserve et de gravité, qui déposaient, avec le plus grand calme, des carrés de papier dans des vases, d'ailleurs de forme disgracieuse. Tous s'appliquaient à dissimuler sous les dehors les plus courtois les passions dont ils étaient agités. Après la proclamation de l'élu, j'ai remarqué quelques-uns de ces mêmes hommes qui s'entretenaient avec affabilité, en dégustant des breuvages de paix.

« Il m'a été expliqué que deux d'entre eux, qui choquaient leurs verres avec grâce, appartenaient à deux partis irréconciliables et qu'ils venaient de voter dans des sens contraires. J'en ai conclu que vous étiez désormais non plus une cohue de Welches tapageurs, mais une nation libre, sage et prospère. Milord Bolingbroke lui-même, s'il plaisait à M. le docteur de l'évoquer, n'aurait rien à vous apprendre sur l'harmonie préétablie et sur l'usage qu'il faut faire de la raison.

« Tout au plus éprouvai-je un certain embarras quand on daigna m'exposer ceci : que l'un des deux concurrents en présence, s'étant illustré dans les compagnies par la modération de son humeur, recueillait par cela même les suffrages des personnes d'allure impatiente, — tandis que son rival possédait la confiance du camp dit conservateur, pour l'avoir épouvanté naguère par la hardiesse de ses programmes. Mais vous fûtes toujours une race captieuse dont les doctrines se comprennent moins clairement que la conduite.

« Je me résume, si j'ose parler comme Messieurs du Parlement. Vous vous rappelez peut-être qu'en quelques semaines de causerie sous les voûtes de la Bastille, mon docte et vénérable ami Gordon fit de moi un janséniste accompli. Un seul jour passé dans le Versailles d'aujourd'hui m'a rendu républicain pour le reste de mon immortalité. »

Là-dessus, l'Ingénu se tut et vida un verre d'eau des Barbades.

Tous les convives émirent le vœu qu'il prolongeât parmi nous son séjour.

« Cela, s'écria-t-il, dépend beaucoup moins de moi que de M. le docteur et de son médium. Je souhaite qu'il leur agrée de laisser quelques heures encore mon esprit matérialisé. Je me réjouis d'avoir connu que le peuple le plus gentil du monde excellait dans les manœuvres de la politique. Je tiens à m'assurer encore qu'il n'a rien perdu de son aptitude aux arts de la guerre. Je voudrais ne vous quitter qu'après avoir obtenu du successeur de « Mons de Louvois » la permission de visiter vos camps retranchés. Car l'exercice à la prussienne, habilement exécuté et fréquemment par les Français, me paraît éminemment propre à assurer sur toute la terre le règne de la philosophie. »

Ayant ainsi parlé, le Huron baisa la main des dames avec une volupté pleine de réserve, et s'en fut au lit pour rêver de l'Assemblée nationale et de Mlle de Saint-Yves.

———

CE BON ÉTIENNE DOLET

L'enthousiasme paraît avoir été moins vif, cette année, devant la statue d'Étienne Dolet. Serait-il vrai qu'on se lasse à la fin des meilleures choses? Le « Réveil de la Chapelle » s'est pourtant rendu place Maubert, muni de la bannière et de l'églantine ; il s'y est rencontré avec les « Fils de Voltaire ». — Entre parenthèses, voilà pour Voltaire une avantageuse paternité. — Nous ne voyons point de danger social à ce qu'Étienne Dolet soit célébré tous les ans. A vrai dire, le meilleur moyen de l'honorer eût été de lui élever un monument plus harmonieux. A défaut de belle sculpture, la postérité lui offre des harangues vengeresses, ponctuées de cris d'animaux. Dolet, en sa qualité d'humaniste, était amateur de rhétorique subtile. Bien qu'il aimât peu les gens d'Église, le refrain : « La calotte ! hou ! hou ! » dont est scandé son éloge annuel, lui paraîtrait peut-être insuffisamment cicéronien. Les personnes du quartier de la Chapelle indiquent par cette formule familière qu'elles désapprouvent l'arrêt rendu, le 2 août 1546, par la grand'chambre du parlement. Sentiment des plus louables. Nous regrettons qu'en se traduisant par des onomatopées sans élégance, leur zèle oblige M. Lépine à passer son dimanche devant une statue de style médiocre. Notre préfet de police doit commencer à connaître dans toutes ses finesses de modelé le monument d'Étienne Dolet. Il serait charitable de le relever de cette faction. Ce serait aussi sans péril. Cette protestation, d'ailleurs généreuse, ne menace sérieusement que l'ancienne Sorbonne théologique : elle n'est donc subversive que réttoactivement.

Elle est surtout un tantinet nigaude. Que diable ! personne ne nourrit plus à l'égard des imprimeurs les préjugés de ce président Pierre Lizet qui les faisait conduire par le bourreau à la place Maubert, « lieu commode et convenable ». En outre, une manifestation populaire ne mérite ce nom que lorsqu'elle moleste une moitié au moins des citoyens. Or, on a beau chercher autour de soi, on ne découvre aucun de nos contemporains désireux de faire brûler les latinistes. Alors quoi ? Est-ce à François Ier qu'on en veut ? En ce cas, qu'on le dise ! Encore faudrait-il trouver, pour flétrir ce monarque, un moyen plus efficace que l'arrêt de la circulation des tramways. Ce procédé de réprobation, si sévère qu'il soit, ne saurait atteindre un prince qui fut avant tout un homme de cheval.

La première année, c'était gentil, ce festival expiatoire. Tout le monde a voulu en être. On se disait : « Ce bon Dolet ! C'est pourtant vrai qu'ils l'ont tué, les gredins ! » On s'indignait, et soit dit une fois pour toutes, il y avait de quoi. La seconde année,

on a murmuré : « Tiens ! encore ! » Du moment
que cela devenait une solennité parisienne, dans le
genre de la foire aux pains d'épices ou du Grand Prix,
on s'est habitué insensiblement à l'idée qu'Étienne
Dolet était mort. A la longue, cette piété, qui dé-
borde à date fixe, a fini par attendrir plus faiblement
les personnes soucieuses de circuler. Malgré soi, on
a songé à l'affreux paradoxe de Proudhon : « Après
les bourreaux, rien de plus insupportable que les
martyrs ! » Quelqu'un prétend même avoir entendu,
dimanche dernier, le dialogue suivant entre un monsieur pressé et le petit pâtissier légendaire des ras-
semblements :

« Quel est ce bonhomme en chocolat devant lequel on défile ?

— Un raseur ! » aurait répondu l'espiègle enfant.

Ce mitronet impie avait tort de s'en prendre à
Étienne Dolet. Ce n'est pourtant pas sa faute si le
Père des Lettres a cru devoir le faire pendre.

Mais voyez où l'esprit de contradiction, lorsqu'on
l'exaspère, peut conduire les âmes les plus douces.
En cherchant bien, on parvient presque à découvrir
que ce fut aussi un peu de sa faute. Le savant biographe anglais d'Étienne Dolet, M. Richard Copley
Christie, a osé écrire : « Une étude approfondie de
ses œuvres et des autorités contemporaines m'a
amené (malgré moi) à conclure que sa mauvaise tête,
et j'ai peur qu'il faille ajouter son manque de cœur,
fut non pas la principale, mais cependant l'une des
graves causes de ses malheurs. » M. Christie se hâte

d'ajouter que ce fut quand même un noble esprit de science et de vérité. N'empêche qu'avec les vertus les plus rares, il était violent, injurieux, prompt à la haine, et point du tout apostolique. Il perdit successivement, pour des raisons frivoles, les plus précieuses amitiés du monde, celle de Voulté, celle de Marot, celle de Rabelais. (Il devait pourtant être difficile de se brouiller avec Maître François.) Les anciens compagnons de Dolet, découragés, s'accordaient à dire : « Il finira mal. » Le fait est que le pauvre grand humaniste a mal fini.

En admettant qu'il eût mauvais caractère, il est déplorable, proclamons-le une fois de plus, qu'on l'ait fait périr par la potence et le bûcher, sous prétexte qu'il avait forcé le sens d'une phrase de Platon. Poussons donc à l'unisson ce cri qui va mettre tout le monde d'accord : « François Ier ! hou ! hou ! » Ceci dit, que le « Réveil de la Chapelle » soit enfin soulagé !

Ces douloureuses tragédies de la pensée ne s'expient point par des hurlements. Pour l'an prochain, nous proposons une manière plus intime et moins fêtarde d'honorer les mânes d'Étienne Dolet. On se réunirait, dans les familles, pour lire les *Commentaires sur la langue latine,* dans l'édition de Sébastien Gryphe. Deux in-folios, c'est l'affaire d'un dimanche. Au besoin, s'il en faisait la demande, on pourrait inviter M. Lépine. Et qu'on ne dise pas que la chose manquerait de gaieté : on ne commémore pas Étienne Dolet pour faire la fête.

———

UN ACCIDENT DE CHASSE

On ignorait généralement que le dauphin, fils de Louis XV, avait eu le malheur de tuer à la chasse un de ses pages. La victime de cette auguste maladresse était un certain Yves-Jean-Baptiste de La Boissière de Chambors. Il laissait une veuve à laquelle le roi accorda, par lettres patentes du 1ᵉʳ mars 1757, une pension annuelle de 6 000 francs. Jusqu'ici, nous ne pouvons qu'approuver Louis XV. Ce souverain ne s'arrêtait pas à mi-chemin sur la route du repentir. Il spécifia que la pension accordée à la veuve de l'infortuné La Boissière, et au fils né de leur mariage, serait continuée à la postérité de ce fils. Le geste est beau. Si beau même que nous devons encore en payer les frais en l'an de grâce 1907. Et l'on dit que nous renions l'ancien régime !...

L'administration des Finances, qui aime les économies, a conçu un instant le projet impie de renier la signature de Louis XV. La postérité du page défunt refuse formellement d'entrer dans cette vue. Elle observe que tous les gouvernements de la

France, y compris les comités révolutionnaires, ont considéré cette dette comme nationale. Mme de Champagne-Bouzey, ayant droit de feu La Boissière, s'est pourvue devant le Conseil d'État. La haute assemblée vient de conclure à la réversibilité de la pension et au versement intégral de la somme de 6 000 francs. Les bureaux des finances en seront pour leur courte honte.

Superbe arrêt ! comme disait Figaro. Il nous rattache par ces liens solides, les cordons de la bourse, à l'ancienne monarchie. Payons les 6 000 francs de bonne grâce et inclinons-nous devant la chose jugée. Disons-nous même, avec un certain orgueil, qu'il devra en être ainsi tant que le dauphin sera mort.

Ce n'est pas cette petite dépense qui nous ruinera. Toutefois il est heureux que le fils de Louis XV, qui semble avoir été un tireur médiocre, n'ait tué qu'un page au cours de ses chasses. S'il y avait eu plusieurs personnes de la cour au tableau, M. Caillaux devrait ouvrir un compte de liquidation. Pourvu qu'on ne découvre pas quelque autre étourderie cynégétique commise par les princes mérovingiens ! On chassait beaucoup, sous Chilpéric...

Notre unique vengeance sera de nous refuser à classer le père de Louis XVI, de Louis XVIII et de Charles X parmi « les beaux fusils ». Il eut, fort heureusement, d'autres vertus.

Profitons de la petite aventure budgétaire qui fait de ce prince une personnalité bien actuelle pour déplorer sa mort prématurée. Il est convenu que les

dauphins morts jeunes auraient tous été de bons
rois. Le fils de Marie Leczinska ne fait pas exception
à cette règle. Tout indique qu'il était réellement
honnête homme et digne de régner. Sa naissance
mit la France en joie. Lorsque la reine accoucha
d'une troisième fille, Paris se chagrina. Louis XV,
qui était encore le modèle des souverains et des maris, sentit qu'il fallait rassurer son peuple. Le *Journal de Barbier* l'atteste : « Cependant le roi a très
bien pris la chose et a dit à la reine qu'il fallait
prendre parole avec Pérard, son accoucheur, l'année
prochaine, pour un garçon. » Et Louis XV commu-
nia pour s'affermir dans ce propos.

La bonne femme de reine s'en vint à Paris, qui
n'était guère habitué aux visites royales, faire ses
dévotions à Notre-Dame. Des prières furent ordon-
nées dans toutes les églises. Enfin, le 4 septembre
1729, à trois heures quarante du matin, la reine mit
au monde un héritier mâle. Il y eut grande allégresse
à la cour et dans le populaire. C'était le premier
dauphin qui naissait en France depuis soixante-huit
ans.

M. de Nolhac nous conte, comme il sait conter,
les réjouissances qui accompagnèrent l'heureux évé-
nement. Le gouverneur de Paris et le prévôt des
marchands se promenèrent par les rues de la ville
en jetant de l'argent à la foule. Les gens de finance
se mirent en frais : Samuel Bernard fit aux Parisiens
la galanterie d'un feu d'artifice qui fut tiré sur la place
des Victoires.

Il était gentil et frais, le poupon royal, tel que Belle l'a peint, dans un tableau du musée de Versailles, auprès de sa mère heureuse et pouvant encore se croire aimée ; le bambin foule de ses pieds nus le manteau brodé de fleurs de lis ; il porte princièrement son bonnet à ruches et le grand-cordon du Saint-Esprit. Il est encore réjouissant à voir, au Louvre, dans la peinture de Tocqué.

A quinze ans, il demandait à aller aux armées. Louis XV l'emmena avec lui à Fontenoy. Il eut un joli geste, lorsqu'il tira sa mignonne épée, en réclamant l'honneur de charger, à la tête de la Maison. Voltaire n'eut garde d'oublier cet épisode dans son *Poème de Fontenoy* :

> ... Ah ! cher prince, arrêtez !
> Où portez-vous ainsi vos pas précipités ?
> Conservez cette vie au monde nécessaire...

Il n'apparaît pas que le descendant de Henri IV ait couru, dans cette glorieuse journée, des dangers mortels. Mais il ne faut jamais oublier que Voltaire était, avant tout, un poète lyrique ; il chevauchait volontiers l'hyperbole. Après l'action, le petit dauphin écrivit, sur un tambour, une lettre très simplement filiale à sa mère, pour lui annoncer que les armes de France étaient victorieuses.

C'était un bon mari, qui fut, bourgeoisement et sincèrement, amoureux successivement de ses deux femmes. Éloigné assez perfidement des affaires, il

s'épaissit, devint nonchalant, flâneur et maussade.
Il passait ses journées à fumer des pipes et à s'occuper de son salut. Bien qu'il eût un faible pour les
jésuites, il aurait dit une belle parole, que lui prête
son panégyriste Thomas : « Ne persécutons pas. »

Voltaire cite le mot avec émotion. Il s'attendrit
toujours, du moins à sa manière, toutes les fois qu'il
a l'occasion de parler du dauphin. Il le loue d'avoir
aimé la lecture et la musique « d'Handelle » (lisez
Haëndel). Il l'a embaumé dans ce distique :

> Connu par ses vertus plus que par ses travaux,
> Il sut penser en sage et mourut en héros.

Entendez qu'il trépassa de maladie dans une chambre de Fontainebleau. Cette fois encore, le démon du
lyrisme égare Voltaire.

Tout cela eût fait, il semble bien, un roi très acceptable. Nous avions à cœur de présenter le dauphin, fils de Louis XV, sous un jour favorable. Il y
a intérêt à ce que l'opinion publique s'habitue à lui.
Nous allons rester en relations avec son souvenir pendant quelques siècles encore. Heureux les princes dé-
cédés prématurément, à qui des destins favorables
assurent l'immortalité du budget ! Voltaire ne connaissait le dauphin que par ses vertus ; nous le connaissons par un au moins de ses travaux.

DOM MABILLON

Cependant qu'on parle d'une statue de Marat, les archivistes paléographes songent à fêter le deuxième centenaire anniversaire de la mort de dom Jean Mabillon, religieux de la congrégation de Saint-Maur. Il n'y aura pas de banquet. Il est question tout simplement de frapper une médaille à l'effigie du plus suave et du plus docte des bénédictins. Jusqu'ici la chronique mondaine a paru se désintéresser de cette manifestation. Il n'est pourtant pas indispensable, pour vénérer Mabillon, d'être docteur en diplomatique. On n'exige point des souscripteurs qu'ils aient lu le *De re diplomaticâ Libri sex*. A vrai dire, nos fils sont moins ignorants que nous des sciences auxiliaires de l'histoire ; la Sorbonne d'aujourd'hui exige un peu d'érudition du moindre de ses licenciés. Nous passions, nous autres, dix années sur les bancs scolaires sans entendre prononcer les noms de Mabillon, de Peiresc, ou de Du Cange ; maintenant les plus humbles manuels rendent justice aux grands érudits du xviie siècle. Malgré cela, on

peut dire que Mabillon n'est point, à proprement
parler, une personnalité à la mode. Et c'est grand
dommage, car s'il appartient à quelques-uns seulement de lire et de goûter ses ouvrages, nous aurions
profit, tous tant que nous sommes, à méditer son
incomparable vie.

Il n'est rien de plus pur dans le passé de la
France intellectuelle que cette Société de Saint-Ger-
main-des-Prés, qui fut le berceau de la méthode
historique et la Thélème des joies austères. Ces grands
« mauristes » firent leur salut en joignant l'esprit
cartésien à la foi des petits enfants. Ils croyaient aux
mystères et à la vertu de « la lumière raisonnable ».
Ils furent aussi doux à l'erreur qu'ardents pour la
vérité. Ce qu'il y a de meilleur dans l'homme s'est
incarné, à l'abbaye bénédictine, en quelques types
d'une sainteté parfaite.

Le plus doux, le plus modeste, le plus vaillant de
tous, et le moins loin de nous, pécheurs modernes,
c'est encore Mabillon, *dulcis Mabillonius,* « ce bénédictin, disait Saint-Simon, si connu dans toute l'Europe pour sa science et pour sa candeur ». Il ap-
portait dans les sciences conjecturales un besoin
impérieux de certitude, sans rien perdre pour cela
de sa charité. Les jésuites bollandistes le contristaient
en contestant l'authenticité des documents mérovingiens possédés par l'ordre de saint Benoît ; il les
prenait un par un par la main et se faisait patiemment leur conducteur dans le chemin de la critique.
On le dénonça à l'Index, mais la pureté de sa doc-

trine et sa mansuétude triomphaient des haines. Il fut sans anathème contre le jansénisme ; il força l'estime de Bossuet et réconforta Fénelon. Mlle de la Vallière lui demandait des forces nouvelles pour le repentir. « Nous vous supplions aussi, lui écrivait sœur Louise de la Miséricorde, de nous obtenir de la patience de J.-C., sa divine grâce, dont j'ai fait un si mauvais usage jusqu'ici, afin que marchant avec ferveur dans la pénitence, je n'aie pas à répondre au dernier jour sur mes crimes passés. »

Mabillon, dans une circonstance mémorable, prit contre les excès du zèle mystique la défense de l'esprit humain. Il n'eut jamais plus de courage spirituel et plus d'humilité fière que dans sa polémique avec Rancé. Dom Mabillon jouissait des délices de la foi par une sorte de grâce négative ; il pratiquait les vertus chrétiennes depuis le berceau. M. de la Trappe était venu à Dieu par des chemins détournés, tout parsemés d'épines et de roses. Rancé avait apporté au cloître une âme généreuse avec un cortège de remords. La vérité ne lui était apparue qu'auprès du lit de mort de Mme de Montbazon. Avant que son amie trépassât de la variole, il prêchait, mais entre deux parties de chasse avec M. de Beaufort. Il avait fréquenté beaucoup de belles frondeuses et aimé la moins mystique de toutes. Cet amour pour Mme de Montbazon fut-il criminel ? Le pieux biographe de Rancé, l'abbé Dubois, a osé se poser cette question pour la résoudre par la négative : « Cette liaison, dit-il, s'est-elle arrêtée aux dernières limites du devoir, sur la chaste lisière de l'amitié spirituelle, selon l'expression de saint Augustin ? Tout nous porte à le croire. » Tout portait le vicomte de Chateaubriand à croire le contraire. Mme de Montbazon était grasse, sensuelle et cupide. Mme de Motteville, dans son galimatias de ruelle, l'accuse de stupidité : « Ses lumières étaient bornées par ses yeux qui commandaient qu'on l'aimât. » Peut-être Rancé avait-il obéi.

L'horreur de l'ancien péché avait inspiré à M. de la Trappe ce que Chateaubriand appelle « sa haine passionnée de la vie ». Il voulut tout réprouver du monde profane. Il rêva d'une confrérie de religieux qui ne se reposeraient du travail manuel qu'avec un seul livre, l'Écriture. « Les moines, professait-il, n'ont pas été destinés pour l'étude, mais pour la pénitence ; leur condition est de pleurer et non pas d'instruire. » Les bénédictins de Saint-Maur se sentirent insultés dans leur religion de la science. Mabillon répondit pour eux tous. Ce fut un beau duel d'esprits.

Mais entre ces hautes âmes, qui prenaient les choses spirituelles si terriblement au sérieux, un pacte tacite était conclu de respect mutuel et de courtoisie souveraine. Le mauriste, penché sur les manuscrits, vénérait chez le trappiste laboureur une conception différente, mais également sacrée, du salut. Dom Mabillon admirait en M. de la Trappe un sublime égarement de la vertu. Il souffrait, dans sa candeur héroïque, de contredire un si parfait serviteur de Dieu. A la fin de son livre, il s'excuse presque d'avoir raison contre un tel adversaire : « C'est, conclut-il, assurément une des plus terribles mortifications que j'aurai, comme je croy, de ma vie, que d'avoir esté obligé d'écrire contre lui. » Et Rancé déclarait, de son côté : « Il est malaisé de trouver tout ensemble plus d'humilité et plus d'érudition qu'il y en a dans ce bon père. »

Cette querelle de moines surhumains avait dépassé les grilles des couvents. Les personnes qui vivaient dans le siècle se passionnaient pour ou contre la cause des études monastiques. Seuls, les deux docteurs polémistes demeuraient sans haine et sans colère. Ils voulurent se voir et se saluer après le combat. Au lendemain de la dispute, Mabillon courut à la Trappe ; la duchesse de Guise lui avait ménagé une entrevue avec le fougueux abbé du renoncement. Le bénédictin arriva le jour du Saint-Sacrement ; tout d'abord il assista aux offices des trappistes. Lorsque Mabillon et Rancé se trouvèrent face à face, ils tombèrent à genoux. Ainsi prosternés, ils s'embrassèrent. Tous deux gardaient leurs convictions, mais chacun d'eux pardonnait à l'autre d'avoir erré saintement.

Nous ne mettons plus de politesse dans nos querelles, ni d'innocence dans nos égarements. Est-ce pour cela que l'opinion semble indifférente à la mémoire de Dom Mabillon ?

AUX MANES DE NOS ÉLÉPHANTS

Nous sommes cruellement frappés dans nos éléphants nationaux. Deux ont péri en moins d'un an.
Saïd vient de succomber peu de temps après qu'il
s'était illustré par l'assassinat de son gardien. Nous
aimions Saïd malgré son crime. Il était devenu neurasthénique, et bénéficiait à ce titre des indulgences
de la psychologie moderne.

Avec tout cela, nous voilà sans éléphants ! Mais
que les nourrices et leurs nourrissons, ainsi que
les petits soldats, se rassurent. Un successeur
du sympathique et regretté Saïd nous est déjà
promis.

Si misérable, si délabrée, si lamentablement appau-
vrie, la ménagerie du Jardin des Plantes reste chère
au cœur des Parisiens. Il sied à notre loyalisme
d'honorer en elle une création révolutionnaire. Lorsque la Convention décida de transformer la ménagerie royale en haras, Bernardin de Saint-Pierre se
rendit à Versailles, avec Thouin et Desfontaines. Ils
ramenèrent à Paris un bubale, un couagga, un pi-

geon huppé et un lion de Sénégambie. Le roi ne possédait point d'éléphant ; il avait en revanche un rhinocéros, qui fut nationalisé. Ce rhinocéros survécut peu à la monarchie ; il trépassa en septembre 1793. Peut-être convient-il de saluer en lui une des victimes de la Terreur.

Cette perte fut compensée presque immédiatement. Au milieu de brumaire an II, nous raconte M. Hamy, Dominique Marchini montrait au peuple, sur la place de la Révolution, un lion marin, un léopard, une civette et un petit singe. Tous ces animaux furent confisqués, sous réserve d'une indemnité à leur propriétaire. Ils furent remis au comité de la section et conduits au Jardin des Plantes par le citoyen caporal de garde au poste de la rue Saint-Nicaise. Cependant, la République demeurait sans éléphants, à l'exemple de la monarchie.

Enfin Geoffroy Saint-Hilaire en acquit un à la foire de Rouen. En 1798, nos armées arrachèrent un couple d'éléphants à la tyrannie du stathouder de Hollande. Ce fut la période glorieuse des tableaux et des pachydermes de conquête ; les alliés ne devaient nous reprendre que les tableaux.

En 1828, deux éléphants nouveaux, le mâle et la femelle, firent les délices des Parisiens. Ils jouirent d'une popularité égale à celle de la girafe que le roi Charles X venait de donner à son peuple, en même temps que la « loi d'amour » sur la presse. On espérait de ces éléphants qu'ils feraient souche et fonderaient une dynastie. C'était une des vieilles idées de

Bernardin de Saint-Pierre que la Restauration reprenait là à son compte.

Cette idylle captive inspira les poètes d'alors. Elle
enthousiasma tout au moins l'un d'entre eux, qui
n'était pas le premier venu. Le général Dupont
mérite de survivre pour des titres moins douloureux
que la capitulation de Baylen. Napoléon l'avait jugé
coupable et l'avait condamné ; la Restauration l'esti-
mait malheureux. Après des fortunes diverses, il
n'était plus que député de la Charente et siégeait
paisiblement au centre gauche. Mais ce guerrier,
maltraité par Mars, avait toujours été le favori
d'Apollon : depuis sa jeunesse il était aimé des muses.
A l'un des premiers concours de poésie organisés
par la classe de la Littérature et des Beaux-Arts de
l'Institut national, Dupont avait été couronné pour
son poème la *Liberté*. Il n'avait jamais cessé d'imiter
Ossian avec bonheur. Il fut un des créateurs de ce
type, aujourd'hui disparu, de l'ancien militaire
qui traduisait Horace en vers français. Son dernier
ouvrage est un poème en dix chants sur l'*Art de la
guerre,* que nous avouons n'avoir pas lu. Peut-être
contenait-il des beautés assez fortes pour effacer
de la mémoire des hommes la cruelle journée de
Baylen.

Le soldat-poète, en contemplant le couple des éléphants captifs, sentit passer dans son âme le souffle
du beau. En revenant du Jardin des Plantes, le général Dupont écrivit une ode dans la manière de Le-
franc de Pompignan :

> Loin du rivage de Golconde,
> L'hôte géant de ces déserts
> De sa solitude profonde
> Chérit l'image dans ses fers...

Rien n'échappe aux regards des poètes. Le général avait remarqué chez l'éléphante on ne sait quelle mélancolie ; il en pénétra le chaste mystère. Il sut lire au plus profond de cette âme nostalgique et blessée. La « fille de Golconde » entendait, pour punir ses geôliers, se refuser à réaliser cet article du programme de Bernardin de Saint-Pierre : la reproduction en captivité. Et le poète lui prêta sa voix, pour exprimer ce qu'une pudeur orgueilleuse l'empêchait de dire elle-même :

> Jamais son épouse enchaînée
> Ne veut d'un servile hyménée
> Subir les honteuses douceurs.
> L'amour en vain gronde et l'accuse :
> Sa jalouse fierté refuse
> Des sujets à ses oppresseurs.

Après ce noble accès de lyrisme, le général Dupont s'en fut prendre les eaux à Bourbon. Il y trouva Talleyrand. Le prince de Bénévent avait aimé dans sa jeunesse la poésie frivole. Éloigné des affaires et revenu des vanités humaines, il était mûr pour la littérature austère. Le général lui récita son ode et Talleyrand connut enfin l'ivresse pindarique. Il voulut savoir par cœur ces beaux vers. Une lettre de lui

témoigne de la sincérité de son enthousiasme. « Le
général Dupont est ici, écrit Talleyrand. Il fait des
vers et m'en a dit quelques-uns. Voici une strophe
que j'ai placée dans ma mémoire. » L'illustre diplomate transcrivait la strophe que nous avons eu le
plaisir de citer. Et il ajoutait ces lignes d'une humilité charmante : « Je trouve cette strophe très belle.
Vous direz si j'ai tort ou raison ; je vous croirai. »

Talleyrand n'est plus là pour nous croire, si nous
nous avisions de dire qu'il avait tort. La question
qu'il posait à son correspondant s'adresse désormais
à la postérité. Elle demeurera éternellement sans réponse. Tout au plus aurions-nous le droit d'observer
qu'en poésie le prince de Bénévent était sensible à
un Beau aboli. Il n'en a pas moins aimé la littérature, sous le visage que cette diverse et décevante déité
prenait, en 1828, pour inspirer les généraux vaincus
et séduire les diplomates rêveurs.

MADAME DE MAINTENON

Un savant écrivain, familier de la société du xviie siècle, nous entretenait ces jours derniers du second veuvage de Françoise d'Aubigné. Pourquoi Mme de Maintenon a-t-elle toujours obtenu des historiens un traitement de faveur ? Il semble convenu, dès qu'il s'agit d'elle, qu'on doive taire le mal et n'imprimer que l'éloge. Elle bénéficie de cette fade vérité protocolaire qui s'éloigne autant de l'humble vérité que l'iconographie de cour diffère des portraits sincères. Il s'est établi, à l'égard de cette digne personne, une sorte de consentement universel au mensonge. Elle a « roulé » l'histoire.

Nous possédons pourtant sur son compte deux témoignages directs, sévères tous deux : celui de la Palatine et celui de Saint-Simon ; mais quoi ! la duchesse était acariâtre et le duc mauvaise langue. De peur d'être victime de leurs rancunes, la postérité a bonnement accepté de se laisser duper par une légende. Sainte-Beuve, qui ne brillait pourtant point par la candeur, a embaumé Mme de Maintenon le plus sé-

rieusement du monde en odeur de béatification ; il
parlait sans rire de ses vertus. Voltaire la respectait
en qualité d'historiographe, mais, comme chroniqueur, il la confrontait perfidement avec leur vieille
amie commune, Mlle de Lenclos. L'Université répu-
blicaine, ne voulant voir dans la fondatrice de Saint-
Cyr que le modèle des directrices d'écoles normales,
a failli l'élever à la dignité de sainte des institutrices :
cet excès de zèle aurait pu avoir ses dangers. Alexandre Dumas fils, qui ne craignait pas d'être tout seul
de son opinion, protesta un jour, un peu rudement,
contre cette canonisation singulière ; il osa imprimer
tout net que la veuve de Louis XIV lui paraissait le
type achevé de l'hypocrite et de l'intrigante. Cela
causa presque un scandale chez les âmes respectueuses.

Il ne faut pourtant pas réserver nos sévérités à
l'usage de nos seuls contemporains. Si une Françoise
d'Aubigné venait, de nos jours, édifier sous nos yeux
sa fortune par les moyens que vous savez, entendez-
vous d'ici le surnom dont la mode actuelle la grati-
fierait ? Cherchez parmi les définitions moins indul-
gentes ; il en est de telles dans le nombre... Vous n'y
êtes pas encore ; on trouverait mieux.

M. Alfred Rébelliau a trop de goût pour se faire
bruyamment iconoclaste, mais aussi trop de respect
du vrai pour subir docilement une tradition de commande. Dans son étude de la *Revue Bleue,* on sent
la clairvoyance du psychologue sous la courtoisie du
professeur. « Une adroite suivante », a dit Saint-

Simon. M. Rébelliau ne cite pas le mot, mais on croit deviner qu'il n'en récuserait pas la justesse.

Il apparaît qu'elle pleura médiocrement son second époux. Cela, par exemple, ni M. Rébelliau, ni aucun de nous n'aura l'inhumanité de le lui reprocher ! En toute justice, Mme de Maintenon fut la moins attendrissante des personnes qu'il faut plaindre. Du premier souper de Scarron à l'agonie royale, de sa seizième année à sa quatre-vingtième, elle a fait semblant. Elle a dû être, selon les tréteaux et les spectateurs, enjouée, galante peut-être, sérieuse, patiente et désespérément dévouée ; tour à tour présidente de tables d'hôtes, femme de chambre, bonne d'enfants, et de quels enfants ! garde-malade et de quel malade ! pseudo-reine et de quel roi ! Gouvernante de Louis XIV vieilli, préposée à ses mauvaises humeurs, à ses repentirs, à ses dévotions et à ses purges, ce devait être un ministère sans joies !

Il y a, derrière les balustres de la chambre royale de Versailles, un médaillon en cire coloriée de Louis XIV à soixante-huit ans. Le cirier Antoine Benoist l'exécuta en 1706. *Antonius, eques,* membre de l'Académie royale, avait ouvert rue des Saints-Pères un cabinet de figures qu'il appelait le *Cercle de la Cour.* Ce fut un succès qui irrita La Bruyère. Le misanthrope des *Caractères* n'admettait pas qu'un artiste fît fortune, non plus qu'un auteur. « B..., s'écriait-il, s'enrichit à montrer des marionnettes dans un cercle. » Cette cire d'Antoine Benoist est un document d'une hideur puissante. Il faut contempler de près, de tout près, le fantôme évoqué de ce vieil homme ; le nez pituiteux, la barbe sordide, la mauvaise chair jaunâtre et grêlée, l'affreux œil immobile d'émail vert, tout épouvante dans cette inquiétante poupée où il y a de la vie. On se sent présenté au *Roi Soleil,* et on cherche vaguement dans sa poche un flacon de sels. Pour oublier ce cauchemar, on court au salon de Diane, devant le joli buste chiqué de Bernin, ou au bas de l'escalier de la Reine, pour revoir le héros déifié, sculpté par Coysevox. Ce Louis-là fut celui de La Vallière et de Fontanges. Mme Scarron eut le modèle du cirier Benoist en partage. — Ah ! la pauvre dame !

Et cela a duré longtemps ! Étonnons-nous qu'elle ait pris sa retraite sans excès de désespoir. Pendant qu'elle était en activité, elle s'évadait, de temps à autre, à Saint-Cyr, pour s'offrir une petite récréation ; la folie consistait à prendre secrètement médecine et à rester douze heures au lit. Dès que le roi eut trépassé saintement, elle aperçut devant elle autant de dimanches qu'il lui restait de journées à vivre. Elle n'a réellement joui de l'existence qu'entre quatre-vingts et quatre-vingt-trois ans. On objectera qu'il n'y en a pas autant pour tout le monde. Sans doute, mais ne serait-il pas un peu féroce de lui marchander ce court bonheur ? Ce dut être une grande virtuose du veuvage. Elle se soignait bien et vivait de régime, pour faire durer le plaisir. Il dura peu.

A-t-elle jamais découvert à quelqu'un l'arrière-fond

de son âme? Son portrait, par Ferdinand Elle, nous la montre assurément telle qu'elle dut être : impassible, impénétrable, insignifiante, irréprochable, exaspérante. Saint-Simon nous la peint ainsi : « Toujours très bien mise, noblement, proprement, de bon goût, mais très modestement et plus vieillement que son âge. » Dans cette effigie pompeuse, d'une correction irritante, il y a de la nourrice sèche, de la chanoinesse et de l'infirmière. Impossible de l'aimer ; pas moyen de la haïr. Cette terrible femme était capable de tout, même d'être sans vices. C'est Tartuffe en coiffe et en mitaines.

Il lui sera pardonné beaucoup parce qu'elle a rempli patiemment une charge pénible. Elle symbolise trente ans de théâtre dans les rôles ingrats. Elle était née duègne.

CHARLES LINNÉ

L'université d'Upsal vient de célébrer avec pompe le bicentenaire de Charles Linné. Les écoliers suédois ont eu un jour de congé ; une cantate a été exécutée devant le prince héritier et les membres de la famille royale. Le culte de la mémoire du grand botaniste est une tradition chez les souverains de Suède. Lorsque Linné mourut, Gustave III, qui excellait dans la gravure à l'aquatinte et dans l'art oratoire, prononça son panégyrique devant les États du royaume.

Il n'est pas, en littérature apologétique, de plus aimable sujet que l'éloge de Linné. Ce fut le héros candide d'une science innocente. Le récit de sa première enfance appartient à l'hagiographie. Il naît, comme il sied « au saint » de la botanique, au cœur d'un joli pays forestier. Ses premiers pas se font dans un jardin, où son brave homme de père, qui était pasteur évangélique, avait rassemblé les plantes les plus rares. Lorsqu'il pleurait, sa mère le faisait taire en lui mettant une fleur dans la main. Dès qu'il sut parler, il apprit à donner leurs noms latins aux plantes du petit Eden paternel. Cette éducation de légende dorée lui fit la douceur d'une âme végétale.

Les portraits de Linné sont attendrissants. Jeune homme, il semble un clerc en théologie luthérienne ; devenu célèbre et personnage officiel, il a l'air de tous les vieux messieurs qui sont très bons. On l'a accusé de trop aimer la gloire ; entendez par là qu'il tint passionnément à professer à l'université d'Upsal la science charmante dont il était le créateur. Cette concupiscence n'avait rien d'atroce. On a dit encore qu'il était avare ; il était économe, pour connaître les joies de l'aumône.

Ce bonhomme délicieux et génial, dont la Suède s'enorgueillit pieusement, nous appartient un peu aussi. Lorsqu'il fit le tour de l'Europe savante, Linné n'eut garde d'oublier la France. L'Angleterre et la Hollande venaient de fêter en lui le prophète des fleurs. En Allemagne, il avait été moins heureux. Le bourgmestre de Hambourg, Anderson, possédait un incomparable cabinet de curiosités naturelles ; il en fit les honneurs au jeune savant suédois. Le joyau de cette collection était une hydre à sept têtes, qui jouissait dans les compagnies scientifiques d'une grande célébrité. Ce monstre avait été décrit dans les recueils : ses sept têtes étaient portées sur autant de cols distincts ; il avait deux pieds, point d'ailes, ni de nageoires ; son corps figurait celui d'un reptile. Anderson se glorifiait d'être le propriétaire de cette fantaisie de la nature. Linné examina l'hydre du bourgmestre avec une excessive curiosité. Il inspecta les dents du monstre. Son enquête terminée, il déclara que le prodige était constitué de sept têtes de belettes, cousues avec une habileté criminelle. Il disqualifia le phénomène, n'y voyant, disait-il, que le « produit d'un art grossier ». Le bourgmestre prit fort mal la chose. En sa qualité de magistrat, il disposait souverainement de l'opinion publique. Anderson ameuta le populaire contre l'impertinent étranger qui calomniait les hydres hambourgeoises. Linné dut quitter Hambourg précipitamment.

Un tout autre accueil l'attendait à Paris. A peine arrivé, il courut au Jardin du Roi. Bernard de Jussieu faisait une leçon dans l'amphithéâtre. Le « sous-démonstrateur de botanique » présentait une plante à ses élèves, en leur demandant de dire son origine d'après sa physionomie. La question du professeur n'obtint que le silence. Tout à coup, une voix cria dans l'auditoire : « *-Facies americana !* »

M. de Jussieu tressaillit. Il regarda l'interrupteur et s'écria : « *Tu es Linnœus !* »

A quoi Linné répondit : « *Ego sum* ».

Bernard de Jussieu considérait que deux mortels seulement, sur toute la planète, Linné et lui, pouvaient distinguer au premier coup d'œil un végétal du Nouveau Monde d'un végétal de l'ancien continent.

Justement Linné avait dans ses bagages une lettre de recommandation d'un botaniste de Hollande pour les frères de Jussieu. Ses amis français le menèrent herboriser dans les bois de Meudon et dans la forêt de Fontainebleau. Tous trois échangeaient de doctes propos sur la Providence. MM. de Jussieu ignoraient le suédois, Linné n'entendait point le français. Aussi n'usaient-ils que de la langue latine dans leur commerce de science et d'amitié.

Linné ne resta que peu de temps à Paris, mais ses rapports avec les savants français durèrent autant que sa vie. Il demeura en correspondance avec Bernard de Jussieu. Lorsqu'il fut enfin nommé à Upsal, il reçut de Jussieu ce joli compliment, de pur style Pompadour : « J'apprends avec plaisir que vous êtes nommé professeur de botanique à Upsal. Vous pourrez maintenant vous livrer entièrement au culte de Flore. »

> Il aimait les jardins, était prêtre de Flore,
> Il l'était de Pomone encore.

Le désœuvré Louis XV eut un moment le caprice de la botanique. Il fit aménager à Trianon un jardin où l'horticulteur Claude Richard lui apprenait à greffer. L'humble jardinier faisait part à Linné de ses essais ; le grand savant consultait volontiers le praticien. Richard envoyait, au nom de S. M. le roi, son élève, des graines de fraisier « au très célèbre et très noble M. de Linné, chevalier de l'Étoile-Polaire, premier médecin du roi, professeur de médecine et de botanique à Upsal, membre associé de l'Académie de Paris ».

Les rapports de Linnœus et de Claude Richard, jardinier du roi de France, apportent même une contribution à l'histoire du scandale postal à travers les âges. Richard avait expédié à l'adresse de l'illustre Suédois tout un envoi de végétaux rares, « dans une petite boîte presque cubique, de la longueur d'une palme ». Linné ouvrit avec émotion la précieuse cassette. Elle était en retard de plusieurs semaines. Par on ne sait quelle fatalité, — incurie ou sabotage ? — toutes les plantes avaient péri. « *Omnes plantas exsicatissimas et aridas.* » Linné exhala sa douleur dans une lettre, en pur latin, qu'il écrivit aussitôt à Claude Richard. « O indignité ! Qui donc fut assez hardi pour enfreindre ainsi les ordres d'un si grand roi et retenir ces plantes si longtemps en route ? » Il déclarait que le regret de la mort de ces plantes le suivrait jusque dans le tombeau : *in urnam.* Mais la fin de la lettre montre que chez ce vieillard virgilien les colères passaient comme une pluie du matin : « Vivez longtemps heureux, concluait-il, pour les progrès de la botanique, *in augmentum botanices.* » Et il ajoutait : « En ce moment fleurissent dans le jardin d'Upsal des fleurs pour glorifier leur donateur, le puissant roi de France, et quelques végétaux indigènes pour glorifier leur créateur. »

Cet homme-là est certainement au ciel.

L'ACHILLÉION

On annonce que l'empereur Guillaume II vient de se rendre acquéreur de la villa édifiée dans l'île de Corfou par la pauvre impératrice d'Autriche. Le souverain allemand s'enrichit ainsi d'une importante propriété foncière. Mais voici qu'il songerait déjà à désaffecter le petit temple hellénico-viennois qu'Élisabeth de Bavière avait consacré au culte de son poète favori, Henri Heine. L'âme germanique a le secret des rancunes durables. Heine affirmait que ses compatriotes nous en voulaient toujours de la décapitation de Conradin. Il serait donc miraculeux que le maître de la Prusse eût pardonné au poète qui signait insolemment : « Heine, Prussien libéré ». Les visiteurs de l'Achilléion devront renoncer au pèlerinage, si joli à accomplir, par le chemin en lacet, tout parfumé de myrte ; Henri Heine va être banni de Corfou. Les mânes de l'infortunée rêveuse, qui fut si belle et si triste, souffriront de cette profanation.

Plus d'une chose prêtait à sourire pendant la visite

de l'Achilléion. Il y a un peu de tout dans ce noble domaine délaissé : du luxe de casino, du confort moderne, du paganisme munichois et de la magnificence de restaurant pour noces. Le souvenir d'Achille aux belles cnémides préside à cet éclectisme. Dans la cage de l'escalier, le peintre berlinois Herter a représenté le fils de Priam traînant le corps d'Hector autour des murailles de Troie : c'est de la peinture formidablement héroïque, de laquelle une gaieté se dégage. Mais quoi ! les fenêtres s'ouvrent sur les monts d'Epire et la mer violette n'emprunte pas ses magies de couleur à une palette de Berlin. On descend à travers des sentiers odorants jusqu'à l'édicule votif. Et c'est attendrissant de trouver au bout de la promenade la statue d'un poète allemand, qui était d'Israël et d'Ionie, élevée sur la terre de Corcyre, par les soins d'un sculpteur danois, à la demande d'une dame bavaroise qui régnait sur l'Autriche. Cette heureuse conciliation d'éléments divers n'est pas pour déplaire au dandysme cosmopolite de Heine. Son fantôme de marbre n'a point l'air surpris d'habiter ce beau lieu. Heine est là chez lui, tout autant qu'ailleurs ; pourvu qu'on ne lui demandât point d'habiter la Prusse, il se trouvait bien partout.

L'impératrice Élisabeth avait voulu faire de Corfou l'île de Henri Heine. Elle ne prenait pas garde qu'elle dépossédait ainsi un autre poète. Le seul homme de lettres qui, à Corfou, soit tout à fait chez lui, c'est Homère. Nous aussi, les Français, nous avons été propriétaires dans cette île enchantée. Bonaparte, vainqueur de Venise, envoya son compatriote le général Gentili planter le drapeau tricolore au milieu des oliviers. Que dit le rapport envoyé au Directoire exécutif, en l'année 1797? « Un peuple immense était sur le rivage, pour accueillir nos troupes, avec les cris d'allégresse et d'enthousiasme qui animent les peuples lorsqu'ils recouvrent la liberté. A la tête de ce peuple était le *papa,* ou chef de la religion du pays, homme instruit et déjà avancé en âge. Il s'approcha du général Gentili, et lui dit : « Français, vous allez trouver dans cette île un peu-« ple ignorant dans les sciences et dans les arts qui « illustrent les nations. Mais ne le méprisez pas ; ap-« prenez en lisant ce livre à l'estimer. » Le général ouvrit avec curiosité le livre que lui offrait le *papa* et il ne fut pas peu surpris en voyant que c'était l'*Odyssée* d'Homère. »

Gentili consentit, de la meilleure grâce du monde, à naturaliser Homère citoyen de la République française. Les instructions de Bonaparte avaient prévu le cas : « Vous ne manquerez pas, avait prescrit le général à son lieutenant, dans différentes proclamations que vous ferez, de parler de la Grèce, d'Athènes et de Sparte. » A Gentili était adjoint « un homme de lettres distingué, chargé de la confection des manifestes », Antoine-Vincent Arnault. Les tragédies d'Arnault, *Marius à Minturnes* et *Scipion consul,* semblent oubliées. Cet écrivain jouit d'une discrète immortalité d'anthologie scolaire pour avoir écrit la *Feuille,* lorsqu'il fut banni de l'Académie française comme bonapartiste jacobin. Il a des titres plus sérieux encore à notre gratitude. Bonaparte écrivait aux directeurs : « Le citoyen Arnault, qui jouit d'une réputation méritée dans les belles lettres, me mande qu'il va s'embarquer pour faire planter le drapeau tricolore sur les ruines du palais d'Ulysse. » Le vainqueur de l'Italie n'hésitait pas à fixer définitivement ce point d'histoire : « L'île de Corcyre était, selon Homère, la patrie de la princesse Nausicaa. » Fort de ce précédent, Napoléon recruta plus tard dans la jeunesse corfiote un régiment de « chasseurs à cheval ioniens ».

Heine, qui était tout, a été Phéacien assurément, mais Homère et Arnault le furent avant lui. Depuis l'an IV, c'est un devoir pour un Français d'aller relire l'*Odyssée* « dans la patrie de la princesse Nausicaa ». Il nous souvient d'une joyeuse croisière qui fit escale à Corfou dans ces dernières années. Les touristes se divisèrent. Les mondains, les esprits profanes allèrent visiter l'Achilléïon. L'élite de la caravane s'en fut, au nord-ouest de l'île, reconnaître les lieux consacrés par Homère. Ces pieux pèlerins emportaient avec eux le divin poème et l'ingénieux et savant commentaire de notre ami Victor Bérard. Lorsqu'ils revinrent, à la nuit noire, ils étaient heureux comme peuvent l'être des gens qui viennent d'identifier largement. Et ils firent à leurs compagnons de beaux récits, sous la forme d'un savant rapport.

Il résultait de cette enquête que le général Bona

parte ne s'était pas trompé et qu'Homère n'avait point
menti. Les identifications avaient été probantes. Identifié, le petit estuaire où était venu s'échouer Ulysse
naufragé ; identifiés aussi, le coin de plage où Nausicaa aux bras éclatants jouait au tennis avec ses sui-
vantes, et le lavoir, et le bois d'où surgit le héros
demi-nu lorsque les rires des joueuses de balle l'arrachèrent au sommeil. On avait retrouvé jusqu'aux
arbustes qui prêtèrent leurs feuillages à Ulysse pour
qu'il voilât sa nudité ; jusqu'au cours d'eau où il prit.
un *tub* avant de revêtir des vêtements sans tache.
Quant au palais d'Alkinoos et de la sage reine Arêté,
son emplacement ne pouvait faire de doute : il suffisait de suivre la route que prit Nausicaa, lorsque,
étant remontée sur son char, elle fouetta ses mules.
Non loin de la demeure du bon prince Phéacien,
« qui en toutes choses préférait la justice », est l'oli-
vette où Ulysse attendit, par respect des convenances,
que la jeune fille pût prévenir son père de la visite
d'un étranger semblable aux dieux.

Les touristes, enivrés d'homérisme, qui revenaient
ainsi de la Mer sauvage, nous dirent encore bien
d'autres choses qu'on ne se pardonne pas d'avoir oubliées. Il y avait parmi eux un jeune étudiant néer-
landais qui, sans élever d'objections formelles, demeurait en proie aux malaises du doute. Il était fils
d'une race qui supporte mal les coups de soleil. Une
seule identification lui paraissait indiscutable, parce
qu'il l'avait vérifiée lui-même : l'*Odyssée* en main, il
avait reconnu « l'énorme vague » qui roula sur le

rivage le héros persécuté par Poseïdon. « Tout le reste, disait-il, me paraît de l'hypothèse. »

Ce jeune Batave prosaïque était un impie. Nous autres religieux enfants du Midi, nous jouissions pleinement de la véracité d'Homère. Et ce voyage dans la vieille fable immortelle nous consolait des fresques berlinoises et des somptuosités cosmopolites de l'Achilléion.

PUDEUR VIENNOISE

Un ami nous écrit de Vienne que les autorités préposées dans cette aimable ville à la pudeur publique se livrent à de fâcheux excès de zèle. On interdit à la devanture des libraires toute exhibition de nudités, sans excepter de cette mesure les chefs-d'œuvre les plus illustres de l'art. Quel est le fonctionnaire autrichien qui a juré de dépasser ainsi notre vicomte de La Rochefoucauld, de chaste mémoire ? La pudeur est une vertu délicieuse chez une femme ; chez une administration, elle perd beaucoup de son charme. Les intentions de la censure viennoise sont les plus louables du monde ; par malheur, elles dépassent les limites permises. Et voici Rubens bel et bien convaincu de pornographie !

Défense aurait été faite aux étalages des imagiers d'exhiber les reproductions du célèbre tableau du maître anversois : *les Filles de Leucippe*. Feu le vicomte Sosthène lui-même n'aurait jamais osé aller jusque-là ! Au point de vue de la saine morale domestique, il est évident que les Dioscures ont commis un acte blâmable en enlevant ces deux jeunes personnes. Circonstance aggravante, ils ont choisi, pour perpétrer ce rapt, le jour même où les princesses messéniennes s'unissaient en noces légitimes à leurs deux fiancés (*verlobte*). L'autorité viennoise entend sans doute marquer à Castor et Pollux sa désapprobation. Nous ne saurions le lui reprocher. Il est fâcheux seulement que Rubens soit atteint par contre-coup. Il n'est pour rien dans l'acte lui-même. Son rôle s'est borné à raconter, le plus loyalement qu'il a pu, ce regrettable attentat aux mœurs. Tout au plus pourrait-on lui reprocher d'avoir plaidé pour les divins ravisseurs les circonstances atténuantes, par la manière dont il a exposé le corps du délit. Lorsqu'on se trouve en face du chef-d'œuvre; il est certain que le premier moment d'indignation passé, on se surprend à trouver de vagues excuses aux deux apaches de l'Olympe. Il semble bien que tel a été le sentiment de Rubens. Le maître connaissait à merveille les fables antiques : il avait appris des pères jésuites à lire Ovide dans le texte. Il savait que les Leucippides, après une honorable résistance, se résignèrent à leur sort. Il a choisi le moment où cette résistance dépense ses dernières énergies. Pour se traduire en poses abandonnées, elle n'en est pas moins aussi méritoire que gracieuse. Après tout, cette aventure s'est terminée par un double mariage mythique. Voilà ce que les autorités viennoises ne devraient pas oublier.

Leurs scrupules ne sont pas seulement excessifs ; nous craignons qu'ils ne soient inefficaces. Passe encore pour le tableau des *Filles de Leucippe*. Cette peinture, d'un si joyeux paganisme flamand, appartient au musée de Munich. En interdisant d'en divulguer les reproductions, l'autorité autrichienne peut se flatter qu'elle préserve les bourgeois du Prater, qui se rendent à une cérémonie nuptiale, de la tentation d'imiter les Dioscures. Mais n'est-il pas d'une candeur toute bureaucratique d'empêcher la vulgarisation d'un autre chef-d'œuvre de Rubens : *la Petite pelisse* ? Les Viennois n'ont qu'à entrer au musée de Vienne pour regarder de tous leurs yeux la peinture elle-même, autrement suggestive que ses traductions en blanc et noir. Alors quoi ?

Le mépris du ridicule est une incomparable vertu civique. C'est pousser cette vertu jusqu'à l'héroïsm que poursuivre Rubens et Hélène Fourment pour délit d'immodestie. S'il y eut jamais une âme sans laideur, ce fut celle du grand adorateur ingénu de tous les spectacles de la vie. Telles étaient la candeur de ce païen du Nord et sa foi dans l'innocence du beau qu'il ne pensait point manquer de respect à sa chère et douce Hélène lorsqu'il la peignait en déesse ou en nymphe. A cette franchise tranquillement inconsciente il joignait toutes les délicatesses du mari le plus tendre, à la fois peintre indiscret et époux sans reproche. Les portraits les moins vêtus d'Hélène Fourment ne trahissent d'ailleurs chez le modèle aucun embarras ; la belle créature heureuse ne semble pas souffrir d'être exposée à l'admiration des siècles. La postérité serait mal venue à trouver du péché là où la femme de Rubens dédaignait d'en voir.

En ses dernières années, déjà atteint du mal qui devait l'emporter, martyrisé par la goutte, surpris dans son triomphal bonheur par cette visiteuse inattendue, la Mélancolie, l'homme de la joie défiait la tristesse en multipliant les aveux publics de la beauté d'Hélène. Un des derniers clients royaux de Rubens fut Philippe IV d'Espagne ; un prince tellement fou de peinture qu'il ne lui suffisait point de posséder Vélasquez. Le roi, morose et dévot, — qu'on se le dise dans le cléricalisme viennois ! — ne redoutait pas les nudités mythologiques. Il avait commandé au maître d'Anvers une série de peintures, d'après les *Métamorphoses,* pour son pavillon de chasse de Torre de la Parada. Le propre frère du roi, gouverneur des Pays-Bas espagnols, était chargé de suivre le travail et d'en hâter l'achèvement. Le cardinal-infant, don Fernando, n'entendait pas grand'chose à la peinture ; ce soldat, aussi peu clerc que possible, préférait aux arts la chasse et la guerre. Il transmettait de son mieux à l'artiste les exigences du client royal, mais, écrivait-il à son frère, « le sieur Rubens est sur ce point plus compétent que moi ». Après avoir reçu vingt-cinq tableaux, Philippe IV en demanda dix-huit autres. La merveille de cette seconde collection expédiée d'Anvers à Madrid fut le *Jugement de Pâris.* Don Fernando écrivait au roi : « C'est sans doute, au dire de tous les peintres, la meilleure œuvre de Rubens. Je ne lui reproche qu'un défaut, mais à propos duquel je n'ai pu obtenir satisfaction, c'est l'excessive nudité des trois déesses, à quoi l'artiste a répondu *que c'était là que se voyait le mérite de la peinture.* » Et le cardinal ajoutait, sans y entendre aucunement malice : « La Vénus placée au milieu est le portrait fort ressemblant de la femme du peintre, la plus belle de toutes les dames d'Anvers. » Puisse cette indulgence d'un prince de l'Église apaiser les scrupules de conscience de la censure viennoise !

Il est vrai que don Fernando, bien que cardinal depuis l'âge de quatorze ans, avait licence de rentrer dans le siècle et de prendre femme si bon lui semblait. Il a même été question de le marier à l'excellente Mlle de Montpensier, la perpétuelle inépousée. Elle n'eût pas dit non, d'abord parce qu'elle ne disait jamais non, et puis parce que ce fringant soldat d'Église lui plaisait fort. « Il était, dit-elle, fort bien fait de taille, quoique petit, autant beau de visage que l'on peut être et parfaitement honnête homme. » Quel malheur que ce mariage n'ait pas eu lieu ! Franchement, don Fernando valait mieux que Lauzun ; Mademoiselle aurait connu, avec le bonheur conjugal, la joie d'être peinte par Rubens. Et nous, postérité, nous saurions si elle n'abuse point de notre crédulité, lorsqu'elle affirme dans ses *Mémoires* : « J'ai la jambe droite et le pied bien faits. »

SINCÉRITÉ DE CHATEAUBRIAND

Il n'est pas surprenant que les *Mémoires* de la comtesse de Boigne obtiennent un grand succès. La littérature des souvenirs sera toujours celle de nos préférences. Lorsque par bonheur l'auteur est une femme, et une femme d'esprit, un peu mauvaise langue, qui bavarde agréablement de tout ce qu'elle ignore, notre galanterie naturelle lui réserve un accueil exceptionnel. Nous savons gré particulièrement à celle-ci de taquiner les réputations établies et d'ébranler de vieilles renommées. A vrai dire, il n'y a rien de bien énorme dans les révélations de cette dame cúrieuse et médisante. Tout ce qu'elle nous raconte, on le savait. Mais elle a la manière, et d'anciens cancans se rajeunissent en passant par sa bouche. Elle est délicieusement irrespectueuse. Dans ses récits joliment babillards, tout le monde, comme on dit aujourd'hui, en prend pour son grade.

Chateaubriand en reçoit pour le sien, lequel reste, malgré tout, un grade assez élevé dans la hiérarchie de nos gloires. Mme de Boigne le soupçonne fortement d'avoir été tenté, en juillet 1830, par les avances que lui faisait la monarchie des barricades. Elle s'amuse à sonder les secrets du cœur de René. Il avoua devant elle qu'il haïssait les Bourbons. « Alors, soyez des nôtres ! » lui disaient les tentateurs de l'orléanisme. « Et ces trente volumes qui me regardent ! aurait-il répondu. Je ne puis pas démentir toute ma vie ! » Mme de Boigne en conclut que le grand vicomte demeura fidèle seulement par point d'honneur, à une cause à laquelle il ne croyait plus. Comme elle est psychologue, elle discerne là une attitude. Parbleu !

Nous donnons volontiers à la malicieuse mémorialiste un certificat de pénétration. Il est certain qu'elle a su lire jusqu'au fond de l'âme de Chateaubriand. Il a pris ce jour-là une attitude et rien de plus. Mais rien de moins aussi. Cette dame spirituelle trouve cela moquable. Se moquer de Chateaubriand, rien n'est mieux porté ; il se trouve que la montre de Mme de Boigne est à l'heure de la critique moderne. Découvrir chez un grand homme de la petitesse, rien ne lance plus sûrement un écrivain. Il demeure établi que Chateaubriand ne renonçait qu'avec regret aux joies temporelles. Grâce à la comtesse de Boigne, voilà donc un point acquis à l'histoire.

Encore une chose que nous savions ! René aimait les ambassades et les ministères ; il était voluptueux et avide de toutes les grandeurs mortelles. D'accord. Mais quand donc en a-t-il fait mystère ? Il a toujours confessé ce « penchant que toute créature bien née a pour le pouvoir ». Seulement, là encore, il y a la manière. Celle de Chateaubriand a passé de mode.

Cet ambitieux passa sa vie à démissionner des charges qu'il avait convoitées, ou à se faire révoquer par ses princes. Si l'on fait loyalement le compte de ce que lui coûta la politique, on constate qu'elle lui revint assez cher. Peut-être n'avait-il pas des convictions politiques bien profondes. On l'accuse d'avoir simulé la foi monarchique. Si ce fut de sa part un calcul, on avouera qu'il s'entendait mal à calculer. Une simulation ? On s'y tromperait !...

Qu'on récapitule Lorsque la Révolution éclate, Chateaubriand, ami de Malesherbes, peut trouver place facilement dans les rangs de l'aristocratie libérale. Il n'y a rien d'incompatible entre ses idées de jeunesse et le programme des Constituants. Un ordre nouveau ne l'épouvante pas. Mais la vie publique le tente peu alors ; il part pour l'Amérique, la tête pleine de projets et de métaphores. Là-bas, il apprend le retour de Varennes. Le voilà qui rentre spontanément dans une France dont sortaient alors tous ses pareils. Lorsque la royauté est perdue, il va se battre pour elle, sans l'ombre d'une illusion, par élégance pure, pour le plaisir. Il ne partage aucune des idées de l'émigration, et il émigre, pour faire comme les autres. Il pousse le génie de l'attitude jusqu'à crever à demi, dans un taudis, de misère, de froid et de faim. Après Brumaire, il revient. Le nouveau maître lui sourit. Le succès d'un livre qui venait merveilleusement à son heure l'associe aux pensées les plus profondes du règne consulaire. Il devient le héros du jour et un des hommes de l'avenir. Bonaparte ouvre devant lui la porte de toutes les ambitions. Le voici ambassadeur de France auprès de la République du Valais. Il n'a plus qu'à se laisser aller au courant de la faveur. A la nouvelle de l'exécution du duc d'Enghien, il jette sa démission à la face du maître. Attitude ! Oui, c'est entendu ; mais nous en parlons à notre aise. Fontanes ne prenait pas la chose pour une espièglerie ; il voyait déjà son ami fusillé. Mettons que Chateaubriand ait brisé ce jour-là une carrière qui s'annonçait lucrative et heureuse, pour avoir l'air de faire son devoir, et par fol orgueil. La simulation lui coûtait gros.

Il faisait bien semblant, en tout cas. Ce n'était pas drôle tous les jours d'être brouillé avec Napoléon. Les Bourbons reviennent, il salue leur retour avec une joie frénétique. On ne fait de lui qu'un courtisan comme les autres ; pour premier bénéfice, il recueille le ridicule d'un portefeuille à la cour de Gand. Après la seconde Restauration, il est « ultra » ou se croit tel ; Louis XVIII et Decazes lui semblent deux dangereux jacobins. Il le dit. On le révoque du titre de ministre d'État. Il demeure huit ans en disgrâce. Enfin, il arrive au pouvoir, il est aux Affaires étrangères, il dispose de la paix et de la guerre : le rêve de toute sa vie est réalisé.

Résultat : une révocation. Et quelle révocation !

La plus brutale, la plus humiliante qui puisse être infligée à un homme public ! Il quitte le ministère, sous les rires de son antichambre. Cette aventure le rendit libéral pour le restant de ses jours, mais bourbonien quand même.

A la fin de la Restauration, il rêva d'une retraite paisible dans la ville du repos. Pendant son ambassade de Rome, il voulut sincèrement finir ses jours à Saint-Onuphre, auprès de la cellule mortuaire du Tasse. Ses fonctions diplomatiques lui laissaient assez de loisirs pour qu'il pût s'amuser à de belles chimères. Il allait cueillir des résédas et des anémones près du tombeau de Cecilia Metella. Il se croyait enfin fixé, tranquille et mourant lentement d'une mort admirée. « Ce moment est le seul de ma vie où j'aie été complètement heureux, où je ne désirais plus rien, où mon existence était remplie, où je n'apercevais jusqu'à ma dernière heure qu'une suite de jours de repos. Je touchais au port. J'y entrais à pleines voiles, comme Palinure : *inopina quies.* »

Alors, Charles X s'avisa d'appeler M. de Polignac aux affaires. Chateaubriand, estimant que le président du conseil était un agité dangereux, sauta sur sa plume et envoya sa démission. A soixante-deux ans, il brisa volontairement son dernier rêve. Quelle singulière manière avait cet ambitieux d'aimer les grandes places et les gros traitements !

Et il les aimait ! Il les aimait beaucoup et c'est cette secrète faiblesse qui donne à son attitude, à sa pose, si l'on veut, tant de réelle grandeur humaine. Il avoue, dans une des pages les plus vraies des *Mémoires d'outre-tombe*, qu'il lui en coûta « d'abdiquer l'empire des arts à Rome », et de renoncer à un traitement de deux cent mille francs pour aller se mettre une fois de plus aux gages des libraires. Cet aveu, il le fait sur un ton de bonhomie ironique, où il n'y a plus rien d'abencerage, comme un bon vieux monsieur qui obéit au point d'honneur, la tête haute et le cœur gros. Des amis lui écrivaient : « Nous espérons bien que vous allez démissionner ! » Il remarque : « Je fus choqué de cet officieux intérêt pour ma bonne renommée. » La plupart de ces conseilleurs d'héroïsme oublièrent d'ailleurs de démissionner pour leur propre compte. Un an après, le vieux chevalier désargenté résistait aux agaceries du Palais-Royal et quittait volontairement la pairie, par fidélité à des autels auxquels son cœur ne sacrifiait plus.

Et dire qu'il n'était pas légitimiste ! Qu'eût-il donc fait de plus, s'il l'avait été ! Une jolie miss de l'émigration avait dit de lui : « Il porte son cœur en écharpe. » Il porta en écharpe aussi la foi monarchique. Si c'est mentir, il a menti comme on ne sait plus guère mentir. « En fait de devoir, disait-il, j'ai l'esprit primesautier. »

Il y a là quelque chose qui a échappé à Mme de Boigne.

LA MAISON DE SEDAINE

On est allé dernièrement honorer Jean-Jacques à Montmorency, et ce fut une belle occasion de dire du bien de la vertu. Rousseau a passé sa vie à souhaiter d'être vertueux ; des circonstances diverses l'empêchèrent de remplir tout son vœu. La postérité lui sait gré de ses intentions. Elle lui sait gré surtout de son génie. Les pèlerins de la vallée de Montmorency, s'ils avaient eu le loisir de prolonger leur promenade de l'autre jour, auraient pu rencontrer le souvenir de quelqu'un qui n'eut point le génie du style, mais qui fut vertueux tout à fait Le coquet village de Saint-Prix a servi de décor à une destinée conforme à la morale de Jean-Jacques. Et c'eût été rendre encore hommage à Rousseau que de faire une halte devant la petite maison de Michel Sedaine.

Cette gentille demeure sert aujourd'hui d'abri à une œuvre de bienfaisance. L'humble domaine du maçon-poète appartient à une femme de cœur, qui est en même temps une femme d'esprit. Mme Emma Guieysse-Frère a pensé que la maison de

Sedaine devait être consacrée au bien. Elle a voulu en outre ressusciter tous les souvenirs qui dormaient doucement sous les vieux murs. Les dames de France savent conter délicieusement. Le livre de Mme Guieysse, *Sedaine, ses protecteurs et ses amis*, nous repose des littératures féroces. C'est moins un livre qu'un aimable récit de grand'mère. Il n'est pas d'histoire plus édifiante à dire aux petits-enfants que celle de ce gars parisien qui devint, toujours sans le savoir, un des hommes les plus célèbres et les meilleurs de son temps.

Sedaine n'avait pas encore trouvé de biographe. Sa mémoire était embaumée dans la légende. On pouvait craindre qu'une enquête minutieuse ne lui portât quelque dommage. La critique moderne a des curiosités cruelles ; elle fait aux poésies une chasse implacable. Nous venons de tourner tout autour du bonhomme Sedaine ; il n'y a pas le plus petit scandale à découvrir dans sa vie. Il a vraiment vécu comme Rousseau exigeait que vécussent les autres. N'étant pas moraliste de profession, il a pratiqué la morale, tout bonnement, sans le faire exprès, par propreté naturelle et dans l'état parfait de simplicité. Lors du voyage triomphal de Voltaire à Paris, Sedaine ne manqua point d'aller, quai des Théatins, demander au patriarche sa bénédiction. Voltaire l'accueillit par ces mots : « Ah ! c'est vous, monsieur, qui ne prenez rien à personne ! » Le grand diseur de vérités résumait ainsi, en une courte phrase, toute la louange du brave homme qui s'inclinait très bas devant lui. Voltaire comprenait que celui-là n'était pas un confrère comme les autres. Avec un peu de dédain peut-être, mais aussi avec beaucoup de respect, il décernait à ce collègue de l'Académie française le premier en date des prix de vertu.

C'est avec ce prix sous le bras que Michel Sedaine se présente. Ce n'est pas tout. Sa solide gloire donne à réfléchir sur la vanité de la littérature. Car enfin, on ne peut écrire une histoire du théâtre sans accorder un chapitre à l'auteur du *Philosophe sans le savoir*. Le chef-d'œuvre que Diderot promettait de faire, un ignorant, un innocent, le moins homme de lettres des êtres humains, l'a fait un beau soir. Avec l'absence totale de ce qui s'appelle « du talent », est-il donc possible d'avoir une heure de génie ? Il faut bien le croire, puisque Victorine est immortelle, et qu'elle est toujours là dans la coulisse, pour faire les lendemains des succès bruyants. Nous la verrons reparaître un de ces jours, peut-être plus tôt qu'on ne pense, et son ingénuité semblera neuve. Celui qui l'a mise au monde, non moins candide qu'elle, maniait la plume comme son marteau de tailleur de pierres. Ce maçon bousillait l'ouvrage littéraire. Moins gauche, plus conscient, il n'aurait jamais osé ce qu'il a osé, l'escalade par-dessus les théories et les formules, le naïf retour à la vérité et à la vie.

Hélas ! oui, au point de vue professionnel, Sedaine n'avait pas de talent. Ses poésies fugitives sont à pleurer. Il serait facile d'extraire de ses œuvres complètes un sottisier qui eût procuré à Flaubert des gaietés frénétiques. La Harpe, cuistre sans pitié, lui a consacré ce qu'on nommerait aujourd'hui « l'article rosse ». Il le loue hypocritement « de s'être élevé jusqu'à la place de secrétaire de l'Académie d'architecture et même à celle d'académicien français, quoiqu'il eût à peine quelque théorie de l'architecture et qu'il n'en eût aucune de la grammaire ». La Harpe s'acharne sur sa victime : « Je ne sais s'il était en état de bâtir une maison ; mais je suis sûr qu'il n'était pas capable de se rendre compte de la construction d'une phrase. » Suivent des citations à l'appui. Dans une pastorale de Sedaine, La Harpe cueille ces deux vers :

> Les pères seraient trop heureux
> S'ils voyaient remplir tous leurs vœux.

Le mauvais pédant fait observer qu'il n'est pas besoin d'être père pour avoir cette conception du bonheur parfait. Évidemment, le bon Michel a devancé ici Commerson, qui aimait à terminer ses lettres intimes par cette formule : « Soyez heureux ! C'est là le vrai bonheur ! » Les idées générales inspiraient mal Sedaine. Il a dit ailleurs :

> Mourir n'est rien, c'est notre dernière heure !

et cette fois encore, la forme n'est pas à la hauteur de la pensée. Les écrivains de métier partageaient les sévérités de La Harpe. Le pauvre Sedaine ne fut élu membre de l'Académie qu'à sa quatorzième candidature. On le mit sur la sellette. Lemierre lui adressa ce compliment de bienvenue : « Occupé de multiplier les plaisirs du public, jaloux de courir à l'effet théâtral, vous n'avez toujours pu éviter les négligences du style. L'aveu que vous venez de faire vous-même à cet égard vous excuse et vous honore. » En effet, l'inoffensif récipiendaire avait confessé gentiment : « Peu de pureté dans mon style, peu de correction, encore moins d'élégance, voilà mes fautes. La constance seule que j'ai mise à solliciter votre suffrage a pu les faire excuser. »

Sedaine savait donc parfaitement qu'il n'avait pas de talent, et en cela il témoignait d'un rare génie. Il a fait néanmoins deux chefs-d'œuvre : son *Philosophe sans le savoir* et sa propre vie. Il se construisit, en matériaux durables, un tranquille bonheur. S'il a su si bien peindre Victorine, c'est qu'elle souriait à son foyer. Ce Parisien finaud se fit aimer en cheveux gris d'une adorable jeune fille. Suzanne Sériny envoya des sommations respectueuses à sa mère pour épouser un mari de quarante-cinq ans. Il faut lire, dans le charmant livre de Mme Guieysse-Frère, cette idylle de pure bourgeoisie. Ces parfaits époux logeaient l'hiver, aux frais du roi, dans l'appartement du Louvre réservé au secrétaire perpétuel de l'Académie d'architecture. Ils passaient les étés dans la maisonnette de Saint-Prix que Sedaine, après de longues convoitises, avait achetée quatre mille livres, plus une rente de cinq livres à la paroisse. Grétry venait passer ses dimanches dans le jardinet de vingt-deux perches. On chantait des ariettes, on célébrait la philosophie naturelle, et le maître de la maison improvisait des bergeries. Ces bonnes gens, qui avaient été chastes sous Louis XV, restaient doux sous Robespierre. « Ayant vu tous leurs vœux remplis, ils étaient heureux. » Et ils pensaient que tout le reste est littérature.

UN BONAPARTE

Les journaux de New-York nous apprennent que le ministre de la marine des États-Unis est légèrement souffrant. Nous faisons pour sa prompte guérison les vœux les plus sincères. Ce haut fonctionnaire américain est pour nous presque un compatriote. Il porte un nom qui a joui pendant quelque temps en France d'une certaine notoriété : il s'appelle M. Bonaparte.

C'est vraiment gentil de s'appeler Bonaparte et d'être citoyen de l'Union. Ce ministre des États-Unis est le propre neveu de Napoléon. A vrai dire, Napoléon y est pour peu de chose ; n'empêche qu'il a eu des neveux pires. Celui-là du moins réalise un de ses souhaits les plus chers. L'empereur destinait son frère Jérôme à la marine : « C'est sur mer, lui écrivait-il, qu'il y a de la gloire à conquérir. » Jérôme ne consentit à naviguer qu'à ses moments perdus ; son descendant, en se conformant à la pensée napoléonienne, réconcilie définitivement la famille Patterson avec l'ombre irritée de l'empereur.

Nous avons connu, à la fin du second Empire, un Parisien, plus spirituel que sensé, qui conspirait au café de Madrid. Par horreur de la banalité, il avait choisi une opinion politique dans laquelle il s'était assuré de ne pas souffrir de l'encombrement : il était *pattersonniste*. Cet homme paradoxal est mort sans avoir assisté au triomphe de sa cause. S'il peut apprendre que la grande république du Nouveau-Monde demande des ministres à la lignée des Bonaparte-Patterson, se considérera-t-il comme vengé ? Il n'y en a pas autant pour tous les conspirateurs.

Il est amusant à relire, ce roman de Jérôme Bonaparte et d'Élisabeth Patterson. M. Frédéric Masson nous l'a conté jadis dans cette histoire de *Napoléon et sa famille,* dont le septième volume vient de paraître. Le savant et intrépide historien est le moins bonapartiste des napoléoniens. Il met autant de sincérité que de zèle à excepter les napoléonides du culte qu'il a voué à leur chef. La seule opinion à laquelle il paraisse tenir passionnément, c'est que Napoléon était un homme de génie ; en bonne justice, on peut lui passer cela. Pour tout le reste, son souci premier est de dire la vérité quand même ; et comme ses livres sont infiniment variés et instructifs, tout le monde finit par y trouver son compte.

M. Frédéric Masson a été le seul écrivain d'histoire qui ait donné un récit complet de cette idylle de Baltimore, à laquelle la république américaine doit un de ses ministres. Quelle jolie pièce ! On y voit Réjane.

Le premier acte est tout fait. Jérôme est présenté
à la famille Patterson ; il a vingt ans et il est le frère
préféré du premier consul. Un bal à Baltimore. Fon-
dation de l'institution américaine du flirt par miss
Élisabeth, plus familièrement Betzy, dite « la belle
de Baltimore ». Serments échangés entre la merveilleuse jeune fille et l'enseigne de vaisseau qui porte
l'uniforme des hussards de Berchiny.

Second acte de comédie pure. Chez le consul de
France. Ce fonctionnaire éprouve quelque embarras.
Il voudrait ne pas se brouiller avec le frère du maître
des Français et voudrait moins encore mécontenter
le maître lui-même. Le jeune Jérôme profite du
trouble de l'agent consulaire pour lui emprunter énor-
mément d'argent (M. Lérand serait excellent dans
le rôle du consul).

Nous le répétons, la pièce peut entrer demain en
répétitions. Elle serait tour à tour poétique, pathé-
tique, bouffonne et amère. Jérôme et Betzy se ma-
rièrent d'après les lois américaines, en dépit des
ordres venus de France. La jeune fille comptait sur
sa beauté pour charmer le Monstre. Le Monstre prit
le bon moyen pour résister à l'enchantement ; il refusa de voir la Sirène.

Sans aller aussi loin que notre ancien camarade
du café de Madrid, on ne peut se défendre d'une tendresse voluptueuse pour Élisabeth Patterson. Cette
belle personne audacieuse aurait le public pour elle.
Elle avait de jolis mots de situation. Quand elle débarqua à Lisbonne, notre chargé d'affaires Sérurier,

à qui Napoléon, devenu empereur pendant la lune de miel des deux révoltés, avait envoyé des instructions fort nettes, lui intima l'ordre de se séparer de son époux. Toutefois, en Français galant, il demanda ce qu'il pouvait faire « pour miss Patterson ». La réponse de Betzy finirait heureusement un troisième acte : « Dites à votre maître que Mme Bonaparte est ambitieuse et qu'elle réclame ses droits comme membre de la famille impériale ! » C'est bien américain.

Le reste est moins gracieux. Il fallut bien céder. Jérôme, persécuté, se laissa faire général de division, prince du sang et roi de Westphalie. Élisabeth et son fils vécurent loin du mari et du père. Jérôme écrivait bien de temps en temps à la belle de Baltimore : « Tu sais que je n'aime que toi ! » Les demoiselles des États-Unis sont sceptiques : la délaissée finit par douter de ce grand amour. Son ex-époux lui proposa sur le tard de venir habiter un château de Westphalie avec son fils. Cette offre rappelle ce que Chilpéric, dans la fantaisie mérovingienne d'Hervé, disait à Frédégonde : « Ne pleure pas ! je viendrai te voir le jeudi. » Élisabeth Patterson riposta par une réplique dont M. Sardou serait satisfait : « La Westphalie n'est pas un royaume assez grand pour contenir deux reines. » C'est la création du mot « rosse » ; une date historique.

M. Masson nous apprend enfin que tout se termina par une indemnité. Betzy reçut de l'empereur la proposition d'une pension mensuelle de 5 000 francs. Elle préféra toucher 15 000 francs par trimestre, sans doute pour n'être humiliée que quatre fois par an (Les âmes féminines ont de ces délicatesses). Le roi Jérôme fut affligé et il l'écrivit. Il écrivait beaucoup. On prétend qu'il reçut cette réponse : « Je préfère m'abriter sous les ailes d'un aigle que d'être suspendue au bec d'un oison. » Mais la lettre n'est pas au dossier ; on ne la connaît que par une tradition de famille. Hélas ! le dénouement de l'idylle rappelle les pièces de l'ancien Théâtre-Libre première manière. Il fallut attendre le second Empire. Napoléon III était bon enfant ; il invita le fils d'Élisabeth à dîner aux Tuileries. Néanmoins les Bonaparte-Patterson paraissent avoir renoncé au trône de France. — Pourquoi ?

LE BONHOMME ANDERSEN

Nous ne savons pas grand'chose des littératures étrangères, et quand nous nous mêlons de les juger, il nous arrive de commettre de singulières bévues. Plus d'une fois, nous avons adopté des gloires exotiques qui, à leur retour de chez nous, n'étaient pas acceptées comme telles dans leur pays natal. Telles et telles de nos admirations enthousiastes excitent quelque surprise chez les compatriotes de ceux que nous avons tant admirés. La réciproque doit être vraie. On sait des écrivains et des artistes français qui, pour se consoler de ne pouvoir être prophètes dans leur pays, se sont établis prophètes au pays des autres. Il est des littérateurs qui ne font bien que traduits. Ne nommons personne.

Lorsqu'il nous arrive de nous éprendre d'une œuvre quelconque du génie étranger, le plus sage est de nous abandonner à notre plaisir avec une modestie craintive et sous réserve d'une erreur possible.

Il y a quelque quarante ans, nous étions déjà insuf-

fisamment renseignés sur les littératures scandina-
ves. Elles ont pris depuis d'éclatantes revanches ;
au point même que nous jugeons équitable de leur
faire honneur de découvertes psychologiques qu'on
trouverait, en cherchant bien, dans Jean-Jacques,
dans Chateaubriand, dans Balzac, dans George
Sand et au besoin dans Octave Feuillet. Pendant les
dernières années du second Empire, on nous donnait, aux distributions de prix, les *Contes* d'Andersen. C'était un gentil petit livre avenant, avec de
fines gravures sur bois. Nous en faisions nos délices, à cette étude du jeudi soir qu'il nous était permis de consacrer aux Muses profanes. Ces admirations d'enfance persistent doucement en nous. Quand
il faut y renoncer plus tard, la séparation ne se fait
pas sans mélancolie ; c'est encore quelque chose
qu'on doit tuer en soi de l'innocence première.

Après avoir tant aimé le petit livre de Hans-
Christian Andersen, *Æventyr og Historier*, il eût été
cruel d'apprendre que la saine critique danoise in-
terdisait de continuer à l'aimer. Nous saluons avec
une allégresse filiale la nouvelle que notre dévotion
enfantine est d'une stricte orthodoxie. Andersen sera
bientôt traité par ses compatriotes de l'île de Fionie
comme est traité Gustave Flaubert au pays normand.
Sa maison natale d'Odensee va être classée dans
les monuments historiques et meublée de ses souvenirs.

C'est pour nous un permis d'admirer en bonne et
due forme. On se sent un poids de moins sur la

conscience, avec la joie mêlée d'orgueil, en chérissant un grand homme de Danemark, de n'être point en désaccord avec les Danois. Pourrions-nous en dire autant de tous les enthousiasmes parisiens que nous avons exportés en terre scandinave ?

Un homme exquis, une vie exemplaire, une œuvre charmante, voilà donc ce que nous avions raison de discerner chez Andersen. Il nous souvient d'une touchante anecdote que racontait Philarète Chasles, à son cours du Collège de France. Andersen, né dans la misère, condamné dès l'enfance à de rudes métiers manuels, n'avait appris les lettres qu'à l'école du soir. A vingt ans, il n'était encore qu'un grand écolier. De cette initiation tardive, il lui resta toujours quelque chose d'enfantin et de candide. Devenu célèbre et heureux, il fit son tour d'Europe et s'en vint à Paris, dans le Paris plein de génie et de gloire du régime de Juillet. Le but principal de son voyage était d'entendre une tragédie française interprétée par Rachel. Des amis le conduisirent à une représentation de *Phèdre*. Quelques instants avant le lever du rideau, le bon conteur danois se retira au fond de la loge. On le vit s'agenouiller dans l'ombre et faire de grands signes de croix. Il était en prière. Il demandait ardemment au bon Dieu de le mettre dans l'état de grâce nécessaire à un poète chrétien qui va écouter Mlle Rachel. Cette oraison le préparait à l'extase. Ainsi muni spirituellement, il se sentait digne de la haute joie artistique à laquelle il aspirait depuis tant d'années.

Nous ne savons rien qui soit plus « racinien » que
ce trait d'un Danois. Il faut espérer que quelqu'un a
pu raconter à Rachel de quel magnifique hommage
son génie avait été honoré ce soir-là. Elle était
femme à respirer le parfum de cet encens de qualité
supérieure. Celle qui, en voyant Guizot à la tribune,
poussait ce cri : « Je voudrais jouer avec cet homme-là ! » pouvait comprendre que jamais adorateur
ne l'avait saluée plus bas que le bonhomme Andersen. Et qu'on ne croie pas que c'était un naïf. Ses
satires restent des modèles de raillerie élégante ; ce
lyrique si tendre avait des heures d'ironie à la Voltaire.

Mais ces âmes du Nord prennent les choses de
l'esprit terriblement au sérieux. Nous autres Latins,
nous apportons plus de familiarité dans nos rapports
avec le divin. Nous tutoyons les dieux : c'est une
vieille habitude méditerranéenne. Quand nos tragé-
diennes reviennent d'une tournée, nous n'aurons jamais l'idée d'entrer en oraison pendant qu'elles se
préparent à entrer en scène. Il est vrai qu'on demande qu'elles soient décorées. Chez nous, l'enthousiasme littéraire est depuis longtemps laïcisé. Il
convient de penser que c'est un progrès.

CHAMBORD

Le prince Robert de Bourbon, qui vient de mourir, était monté sur le trône de Parme dans la sixième année de son âge ; il n'avait pas onze ans lorsqu'il dut en descendre. L'histoire ne lui reprochera point d'avoir abusivement régné. Elle ne lui fera d'ailleurs aucun reproche, car ce fut un parfait galant homme et le plus discret des souverains déchus. Il mettait sa chevalerie à ne point conspirer. Aussi l'Italie du *Risorgimento* avait-elle jugé inélégant et superflu de lui interdire son ancien duché. Par une bizarrerie de la destinée, ce prince italien, dépossédé de ses États héréditaires, exerçait en terre française une manière de seigneurie. Ne pouvant plus être duc de Parme, il était souverain à Chambord. Il réalisait le type accompli de cet être heureux que le bon Stéphane Mallarmé appelait « un hoir ». Le neveu d'Henri V régnait en Sologne sur un domaine de cinq mille hectares, contenant plusieurs fermes et quatre cents vassaux ; une commune de la République française lui appartenait quasiment. C'est ainsi que se comporte le Code civil, lorsqu'il se mêle de faire une gracieuseté aux Capétiens.

On sait par quelles aventures a passé ce grandiose et triste château de Chambord, qui fut la folie de François Ier. Tous les Valois firent leurs délices du « bastiment de Chamboure ». Encore inachevé, il enthousiasmait Brantôme. « Tout imparfaict qu'il est, il rend tout le monde en admiration et ravissement d'esprit. » Les rois venaient y chercher la délectation de la chasse aux daims. Louis XIV lui porta un tel amour qu'il le fit royalement gâter par Mansard. Molière y donna les deux premières de *Pourceaugnac* et du *Bourgeois gentilhomme*. Louis XV s'en désintéressa. Il y logea Stanislas, ainsi qu'il convenait à un gendre qui préférait savoir ses beaux-parents à la campagne. Stanislas et sa digne épouse ont laissé sur les bords du Cosson le souvenir de leurs vertus. Catherine Opalinska édifiait de sa piété la population. Le brave roi Leczinski travaillait peut-être à l'augmenter : les archives de la petite commune de Chambord contiennent un nombre considérable d'actes de naissance où il intervient comme parrain. Honni soit qui mal y pense ! Stanislas rendait la justice assis sur l'herbe ; il a régné là en veste de chambre. Après lui, vint Maurice de Saxe qui fit, dans son apanage, manœuvrer des uhlans, paître des chevaux de l'Ukraine et chanter Mme Favart. Avec la Révolution, Chambord connut une heure difficile. Une société de quakers anglais demanda à acquérir le domaine pour y installer des manufactures.

La requête fut repoussée, « en raison des maximes
de la secte des quakers qui ne pouvaient s'accorder
avec les principes du gouvernement républicain ».
Chambord resta « bien national », mais ses meubles
devinrent la proie des fripiers. Napoléon, après en
avoir fait le chef-lieu de la quinzième cohorte, l'éri-
gea pour Berthier en principauté de Wagram. Le
majorat était grevé de la charge des travaux de restauration et doté, à cet effet, d'une rente de 500'000
francs à prélever sur le produit de la navigation du
Rhin. Berthier n'accepta que la rente ; il négligea
Chambord et vint seulement, pendant toute la durée
de sa seigneurie, y passer deux journées de chasse.
Sa veuve, privée des 500000 francs, obtint de
Louis XVIII l'autorisation de mettre le domaine en
vente. Déjà la bande noire tournait autour du monument de Trinqueau. Il était perdu.

Ce fut alors que s'organisa la souscription nationale pour gratifier l'Enfant du Miracle de ce joujou
géant. L'équité commande de reconnaître que M. de
Calonne et les municipalités royalistes sauvèrent
ainsi Chambord de la ruine. Il en eût été de lui
comme de Sceaux et de Marly. Les souscriptions furent innombrables. Leur enthousiasme était-il spon-
tané ? Il n'est pas défendu à un gouvernement de
contribuer à l'élan des âmes généreuses. L'armée
renonça à un jour de solde. Cette démarche l'ho-
nora ; avouons qu'il eût été contraire à la discipline
militaire de soumettre ce patriotique sacrifice au re-
ferendum des casernes. Les souscriptions particu-

lières allèrent de 5 000 francs à 25 centimes. Toutes les villes de France votèrent des subventions. Caen s'était émue la première à l'idée que Chambord pouvait « tomber sous la hache sacrilège des Vandales ». Seul, Paul-Louis Courier grogna dans son coin. Il écrivit un petit pamphlet qu'il est obligatoire de considérer comme un chef-d'œuvre. Laissons le *Simple discours du vigneron de la Chavonnière* jouir paisiblement de ce titre. Pour conserver à ces pages leur situation littéraire, il suffit de ne les point relire. Rien ne se démode autant que l'ironie. Aujourd'hui, celle de Paul-Louis nous montre des grâces un peu fanées. Documentation médiocre et point de vue « pignouf ». Emporté par son ardeur de rural, Courier s'écrie : « Je fais des vœux pour la bande noire. Je prie Dieu qu'elle achète Chambord. »

Dieu n'exauça point le vœu du vigneron voltairien qui n'aimait pas la vieille architecture française. Et Chambord, acquis pour un million et demi, devint la propriété du duc de Bordeaux. Louis-Philippe essaya bien de déposséder son jeune cousin. Ce fut une belle lutte, dans les maquis de la procédure, entre l'administration des Domaines et la branche aînée ; elle dura dix ans. De procès en procès, on alla à la Cour de cassation. Le procureur général Dupin fit débouter définitivement l'État. Ce jurisconsulte aimait à affirmer son indépendance vis-à-vis du pouvoir présent en souriant aux pouvoirs futurs. C'était un rêveur. Il appelait cela poétiquement « se garder à carreau ». Cette fois, il se garda si bien à carreau que la famille de Bourbon en garda Chambord.

Elle le garde toujours. Ne récriminons pas. Il ne saurait être question d'une revendication quelconque. Tout au plus pourrait-on observer mélancoliquement que les souscripteurs de 1820 entendaient surtout conserver à la France une des merveilles de son génie. Ç'eût été de la part du comte de Chambord un beau geste de rendre à la patrie ce morceau d'elle-mème. On ne manqua point de le dire, lorsqu'on apprit que des princes italiens, lointains, inconnus, devenaient, en vertu du Code Napoléon, suzerains au vieux pays de Loire. D'aimables suzerains, hâtons-nous de le répéter, libéraux, hospitaliers, qui consacrèrent de grosses sommes à d'intelligentes restaurations. Les vingt enfants du feu duc de Parme continueront ses traditions, nous en sommes persuadés. Souhaitons seulement que nul d'entre eux ne s'avise de faire de la grande demeure abandonnée un lieu de plaisir. Ramener la vie à Chambord, ce serait une profanation.

Il est si beau ainsi, si désespérément symbolique, ce chef-d'œuvre absurde, magnifique et vain. C'est aujourd'hui surtout qu'il réalise ce que lui demandait Du Cerceau : « rendre un regard merveilleusement superbe ». Sa visite dispose aux pensées graves. Rien de plus fièrement solitaire ; tout, jusqu'à un certain comique, y prend une douceur majestueuse. On admire dans ce palais sans hôtes toute une carrosserie commandée trop tôt ; on y voit encore des tapisseries au petit point qui, en trahissant un goût décoratif aboli, témoignent de la foi la plus pure. Chambord, c'est le musée des Chimères. Que la joie moderne lui soit épargnée ! Imagine-t-on des trompes d'automobiles éveillant brusquement de son sommeil la Monarchie légitime au bois dormant !...

LE DUC DE FER

Stendhal n'a pas encore « son monument », et les stendhaliens s'en affligent. Le retard n'a pourtant rien de scandaleux. Le grand sceptique disait, à la fin de sa vie : « Je ne serai vraiment compris des Français que vers 1880. » Si, comme on nous le fait espérer, l'inauguration du monument de Beyle est prochaine, l'auteur de la *Chartreuse de Parme* n'aura réellement attendu le bronze ou le marbre qu'une trentaine d'années. C'est le minimum du délai de rigueur pour qu'une renommée s'installe solidement dans la piété populaire. Heureux ceux dont l'apothéose est tardive ! Heureuses les statues érigées à leur heure ! Les panthéonisations viennent généralement trop tôt ou trop tard. Nous laissons aux morts immortalisés le choix entre ces deux verdicts de la foule : « Déjà ! » ou « Enfin ! » Des deux cris, c'est le second qui fait un beau bruit. Aucune oraison funèbre n'en surpassera jamais l'éloquence.

Mais, dira-t-on, faire attendre si longtemps un hommage public à un génie tel que Stendhal, n'est-ce pas une frivolité bien française ? Lorsque nous sommes mécontents de nous-mêmes, ce qui se produit fréquemment, nous usons volontiers de cette formule : « Cela ne se passerait pas ainsi en Angleterre ! » Nos amis les Anglais ont en effet le génie de l'opportun. N'empêche qu'il leur arrive, comme aux camarades, d'imposer de trop longs stages à leurs plus hautes gloires. Nous lisions, pas plus tard qu'hier, dans un journal de Londres, qu'on procédera, cet été, sous les voûtes de la cathédrale de Saint-Paul, à l'achèvement du monument de Wellington. Le duc de fer est mort en 1852. Il aura donc attendu jusqu'à l'exposition franco-britannique de 1908 le dernier rite de son apothéose. Un demi-siècle de provisoire ! Est-ce assez français ?...

S'il est une gloire sanctifiée dans tout le Royaume-Uni, n'est-ce pas celle du vainqueur de Napoléon ? Marlborough, Nelson, Wellington, cette trinité militaire a l'âme anglaise pour sanctuaire. Ce sont presque des héros bibliques. Wellington, lui, a savouré, dégusté son immortalité ; il s'est vu embaumé vivant. Nul homme, en aucun pays, en aucun temps, n'a pris de pareilles arrhes contre l'oubli. Il a présidé lui-même à l'inauguration de sa statue équestre. Lors de l'exposition de 1851, l'Angleterre le montra à l'Europe comme on montre un monument historique. A la Chambre des lords, la moindre parole proférée par le vétéran octogénaire s'écoutait dans un silence religieux. On disait « le duc », du même ton que les Français, autrefois, avaient dit « le roi », pour Louis XIV, et « l'empereur », pour Napoléon. Les dernières années de Wellington, ce n'est pas la vieillesse d'une créature mortelle, c'est la durée d'une idole. Vint un jour où il daigna mourir. Lorsque la nouvelle de cet incroyable accident fut télégraphiée de Walmer Castle, l'immense monde britannique prit un deuil filial. Tous les clochers se turent. On chercha dans la Bible, le plus anglais des livres, des formules dignes du héros : « Un puissant prince a quitté Israël ! » s'écriaient les ministres anglicans. Et tandis que le convoi funèbre s'acheminait vers Londres, les paysans lui faisaient cortège avec des torches. Cette pompe populaire dépassa en splendeur toutes les magnificences officielles. Les professionnels des funérailles imaginèrent des merveilles ; ils ne firent pas mieux. Jamais pourtant la foule londonienne ne reverra des obsèques semblables. Une altesse royale en dirigeait l'appareil militaire. Toutes les nations portaient le deuil du soldat qui avait été feld-maréchal de toutes les armées ; des bâtons de commandement, prussien, autrichien, hanovrien, portugais, russe, étaient joints à l'épée de Waterloo. Sur les coussins de pourpre, à côté de la Jarretière, brillait l'ordre du Saint-Esprit, un ancien cadeau de Louis XVIII reconnaissant. Les victoires du duc étaient écrites sur la plate-forme du char funèbre. Un seul nom se gravait dans les âmes. C'était l'homme heureux du 18 juin 1815 qui venait se reposer à Saint-Paul de la fatigue d'avoir vaincu Napoléon.

Cet adieu solennel ne suffit point à la piété anglaise. On rêva d'édifier, dans la vieille église métropolitaine, si riche en souvenirs, le plus fastueux des cénotaphes. Napoléon avait attendu longtemps le sien. Le duc de fer dut attendre aussi, ni plus ni moins qu'un héros français. Le plus clair de son génie lui était venu du don de ne point se presser. Cette patience légendaire eut à subir une épreuve suprême. Qu'aurions-nous fait, nous autres Français, gens de bureaucratie et de fonctionnarisme, ayant à installer dans notre Panthéon une gloire nationale? Nous aurions, n'est-il pas vrai, nommé d'abord une commission. Et cette commission, qu'aurait-elle proposé? D'organiser un concours. Nous nous reconnaissons bien là.

Consolons-nous ! Les choses ne se passent point si différemment en Angleterre. Il y eut commission et il y eut concours. Les artistes envoyèrent des projets, dont quelques-uns parurent inexécutables. Le choix du lauréat fut laborieux. On se décida, après bien des palabres, non sans beaucoup d'intrigues et de plaintes. Les ressources de l'entreprise avaient été mal calculées ; il y eut mécomptes sur mécomptes, et mille misères, et tous les déboires. Lorsque le sculpteur Stevens mourut, en 1875, son œuvre n'était pas achevée. En 1892, le monument de Wellington attendait toujours, dans la cour du consistoire de Saint-Paul, qu'on l'accueillît sous les voûtes de l'église. Sans l'énergie de sir Frédéric Leigthton, il y serait encore. Le dernier travail, venons-nous d'apprendre, ne sera terminé que l'été prochain. Demain seulement, le duc se dressera, sur son cheval de bronze, au-dessus de ce monument dont on disait déjà, du vivant du statuaire, qu'il serait incomparable. « *Probably the finest plastic work of modern times.* » Ah ! que cette anecdote anglo-saxonne ressemble donc à une anecdote de chez nous !

Le plus Anglais des Anglais, le lord des lords, aura souffert, à l'exemple de Napoléon, de la lenteur administrative, cette misère toute française. Il avait aussi, au cours de sa glorieuse vie, fait connaissance avec un genre de mésaventure dont, semble-t-il, les surhommes de France n'ont point le monopole. Le soldat triomphal de Waterloo, comblé d'honneurs, eut la fantaisie d'être ministre. Il habitait vivant sa légende ; cela ne lui suffit point. Il quitta l'Empyrée pour la politique. La vie ministérielle de lord Wellington ne fut point protégée par les dieux. La « bataille de la Réforme » était-elle plus difficile à gagner que celle de Mont-Saint Jean ? Le duc avait gardé l'habitude de célébrer avec ses fidèles l'anniversaire du 18 juin. Celui de l'année 1832 lui donna des sensations inconnues. Le populaire de Londres vint siffler sous ses fenêtres et briser ses carreaux. On ne voulait plus rien savoir du guerrier victorieux ; l'obstiné tory cachait le héros. Lord Wellington fut long à pardonner à son peuple cette heure d'ingratitude. Il avait fait pendant l'émeute griller les fenêtres de son palais. Il lui plut de conserver ce système de défense comme une leçon à son usage et pour l'édification de l'humanité. Il fit cela avec son flegme coutumier, froidement, princièrement, sans phrases : « Lorsqu'il s'échauffe, il raisonne encore », a dit un témoin de sa vie. « Voyez ! disait-il à Pozzo di Borgo, en lui montrant les fenêtres symboliques. Vous vous souvenez de ma popularité au lendemain de Waterloo, de ma rentrée à Londres ? En quelle disgrâce je suis tombé ! » Est-ce que par hasard il n'y aurait point d'histoire française, ni d'histoire anglaise, ni de psychologie des races, mais tout simplement une histoire humaine ?

ERCKMANN-CHATRIAN

Un comité qui se distingue de ses semblables en ne faisant guère de tapage a entrepris d'honorer la mémoire d'Émile Erckmann. Un modeste monument va être élevé dans une rue de Phalsbourg à l'auteur principal du *Conscrit de 1813*. Ce menu fait se dissimule humblement dans la pénombre des troisièmes pages. Il dit pourtant plus de choses qu'il n'est gros ; les commentaires qu'il inspire ne sont pas sans mélancolie.

Ne parlons point du lieu même où sera fixée l'image d'un écrivain qui chérit tendrement la France. Un des plus fervents poètes de la défense nationale exilé en Lorraine allemande ! A cette nouvelle les vieilles plaies se rouvrent. Mais le silence est la pudeur des deuils inconsolés ; nous avons là-bas d'ailleurs bien d'autres gloires captives...

Ce qui rend songeur, et profondément triste, c'est le peu qui reste, après quelques années, d'une renommée qui fut retentissante et d'un succès qui sembla d'airain. Et pourtant Erckmann-Chatrian

ont droit à un chapitre dans l'histoire de la littérature française. Ce chapitre, on ne peut l'écrire qu'en
consultant ceux qui étaient collégiens de 1862 à 1865.
Les circulaires libérales de Victor Duruy permet-
taient enfin d'ouvrir dans les geôles scolaires quelques fenêtres sur l'air extérieur. Il nous était accordé
de constituer, dans nos quartiers, de petites biblio-
thèques de récréation. Le *Fou Yegof* fut le premier
livre qui enchanta nos jeudis soir. Il fallut en acheter,
dans chaque étude, plusieurs exemplaires à la fois.
On s'inscrivait d'avance pour assurer son droit de
lecture ; ceux d'entre nous qui étaient fortement armés pour les luttes de la vie, selon qu'ils avaient
des dispositions pour la politique ou pour la conquête, se ménageaient un tour de faveur, soit en flat-
tant le camarade bibliothécaire dans sa concupiscence
des tartelettes, soit en le menaçant d'une raclée.
Madame Thérèse et le *Conscrit* provoquèrent les
mêmes enthousiasmes et suscitèrent les mêmes passions. Nous prolongions dans nos jeux les drames
douloureux de ces belles histoires ; on était le sabo-
tier Hullin, le contrebandier Marc Divès ; on s'organisait en compagnie de schlitteurs pour résister aux
Croates ; la mission des Croates consistait à se laisser
rosser largement... Erckmann-Chatrian furent nos
Homères puérils.

Le dimanche, nous retrouvions encore les livres
tant aimés sur les tables de travail de nos pères. La
France entière adoptait ces robustes contes. Cependant les deux auteurs, étroitement unis, jouissaient

de leur triomphe sans prendre place dans le Tout-Paris ; on ne savait d'eux que leurs œuvres. Ils demeuraient, en devenant fameux, presque inconnus et un peu lointains. Leur succès sentait bon l'air de la province et le travail tranquille ; on les accusa de déconseiller l'héroïsme ; ils répondirent, au jour de l'invasion, en donnant l'exemple des vertus de frontières. Relus pendant les heures de désespoir, les « romans nationaux », si bien nommés, réchauffaient les cœurs et rendaient la foi. Et puis, les années passèrent. Les bons consolateurs firent place à des écrivains plus brillants, plus habiles, plus artistes, moins salubres aussi et moins près du peuple. Leur réputation se démoda. Il se brouillèrent. Cette fraternité d'âmes aboutit à une laide querelle de propriété littéraire et à un échange de papier timbré. Le public, spectateur de cette lutte fratricide, en voulut à ses anciens favoris d'avoir eux-mêmes déchiré leur légende.

Un procès de plus ou de moins entre gens de lettres devenus riches et célèbres, qu'était-ce que cela ? On en a vu d'autres. Ce démêlé entre collaborateurs a obtenu ce qu'il méritait, le complet oubli. L'œuvre subsiste. Où en est-elle à cette heure ?

Cherchons dans les manuels et dans les bibliographies. L'historien littéraire, fût-il diplômé, met aujourd'hui de la coquetterie à traiter des sujets qui datent d'hier et à remuer des cendres encore chaudes. De bons, de gros, de savants livres abondent, très documentés, très consciencieux, où le génie de la race est analysé depuis les balbutiements du romanisme jusqu'au volume de demain, de la *Séquence de sainte Eulalie* au récent sonnet néo-panthéiste. Voici un Précis d'histoire littéraire, vrai modèle de méthode patiente et de scrupuleuse impartialité ; une table des auteurs cités l'accompagne. Nous y cherchons les noms géminés d'Alexandre Chatrian et d'Émile Erckmann. — Rien ! — Prenons un autre répertoire, en plusieurs tomes celui-là : il nous entretiendra de Mlle de Scudéry et de la Calprenède, et dans son souci d'être complet, préservera l'ombre plaintive de Léo Lespès de l'ingratitude du genre humain. D'Erckmann-Chatrian pas un mot !...

N'est-ce donc pas un titre au droit de cité littéraire que d'avoir instruit, ému et ravi par milliers de jeunes et de vieux enfants ? Vivent les journalistes d'autrefois pour écrire l'histoire de leur siècle sous la dictée et pour peindre les choses de l'esprit en regardant la nature vivante ! Notre maître, le prince de la Presse, J.-J. Weiss, ne s'y est pas trompé. Si le double nom d'Erckmann-Chatrian vient sous sa plume, il les louera « d'avoir publié une série d'idylles intimes ou héroïques qui leur assurent l'une des plus belles et des plus pures renommées de leur temps ». Et comme il ne craignait pas un peu d'hyperbole, ce grand défroqué de l'agrégation, il osait écrire de *Madame Thérèse* : « C'est une des œuvres les plus originales et les plus poétiques de la fin du xixe siècle. » Voilà qui venge de

l'indifférence des manuels les deux poètes de l'épopée des bonnes gens.

Quel dommage que le *Juif polonais* soit si connu
dans tous les mondes ! S'il était possible de le faire
jouer sur invitations, devant un public non informé,
on pourrait tenter une épreuve curieuse. En disant
d'abord que cette pièce est traduite du russe, on lui
assurerait une situation de chef-d'œuvre. Ce serait
lui faire un sort vraiment français.

GIOSUÈ CARDUCCI

Bologne vient de faire à son poète Giosuè Carducci de magnifiques adieux. Le génie latin s'entend à organiser des funérailles. Rappelons-nous le jour où nous avons conduit Victor Hugo au Panthéon. Malgré l'intervention inespérée des *Béni-bouffe-toujours,* cette pompe française participait de la grandeur romaine. Dans notre Paris aux cent visages, la montagne Sainte-Geneviève, avec ses grands palais municipaux, sa tour austère et la splendeur païenne de son temple, semble une colline de Rome importée chez nous.

C'était bien le cadre qu'il fallait à l'apothéose d'un surhomme de latinité. Le cortège funèbre de Carducci a traversé aussi un paysage saturé d'histoire. Les deux tours penchées, chères au poète, Asinella et Garisenda, dialoguent ainsi dans une des *Odes barbares :* « Moi, Asinella, je surgis du cœur de l'Italie au milieu d'un jaillissement d'hymnes. Je vis Dante lever sa jeune tête vers nous. » Et Garisenda répond : « Quand je surgis, moi, je soupirai en me souvenant du passé et j'inclinai mon front sur les ruines et sur les tombes. »

· La cité de Bologne n'a-t-elle pas raison de vouloir garder le poète à l'ombre des deux tours ? Pourquoi faire voyager sa dépouille ? Une inscription au Panthéon de Rome, une statue à Santa-Croce de Florence et les cendres dans la terre natale, ne serait-ce pas la solution élégante du problème de piété patriotique que discute la presse italienne ? Cette *combinazione* ne blesserait personne. Elle a chance de réussir : les choses d'Italie s'arrangent toujours. Sur cette terre de la politique, les passions finissent tôt ou tard par se fondre dans le sentiment de l'unité. Une des plus vieilles dynasties du monde mène le deuil de ce républicain. Ce poète difficile, dont la muse était hautaine et distante, est pleuré par les simples. Cette nation a la religion de sa gloire. Chez tout passant qui s'est découvert devant le char funèbre de Carducci, il y a quelque chose de la majesté du peuple romain.

Et pourtant c'était hier à peine que cet homme, comblé d'honneurs officiels, épouvantait les âmes innocentes. Notre collaborateur, M. Michel Delines, nous rappelait que l'*Inno a Satana* fut d'abord un objet d'horreur et de scandale. Ce dithyrambe rationaliste, imprimé pour la première fois en 1863, ne se trouvait pas chez les libraires. Peu de gens · avouaient l'avoir lu. On crut le poète atteint de démence, en l'entendant s'écrier : « C'est à toi, principe immense de l'être, matière et esprit, raison et sens, c'est à toi que va mon vers d'un élan hardi, ô Satan ! » Il existe, au pays de Machiavel, des accommodements entre le Maudit et les puissances du ciel. Une des dames les plus pieuses de la maison de Savoie devait accepter que le poète damné lui dédiât *le Luth et la lyre*.

Pour nous autres Français, ce satanisme, tout philosophique et littéraire, est une vieille connaissance. Théodore de Banville, aussi compétent en poésie que bon catholique et peu révolutionnaire, écrivait jadis : « Deux écrivains possèdent des natures essentiellement poétiques : ce sont MM. Louis Veuillot et Proudhon, les deux implacables adversaires de la poésie et des poètes. Dans un morceau merveilleux d'inspiration lyrique, M. Proudhon, qui n'a jamais lu un vers, s'est rencontré, presque idée pour idée, avec les *Litanies de Satan*, de M. Charles Baudelaire. »

Le bon Banville parlait peut-être légèrement en affirmant que Proudhon ne lisait pas de poèmes. Quel est le livre, vers ou prose, que Proudhon n'ait pas cru devoir dévorer pour satisfaire sa boulimie de la connaissance ? Quant à lui, Banville, assurément il pratiquait peu les *Contradictions économiques*. Mais son instinct ne le trompait point quand, poète lui-même, il disait à Proudhon : « Vous en êtes un autre ! »

A la fin du deuxième volume de la *Justice*, Proudhon s'abandonne sans mesure à son péché favori, la prosopopée. Il aimait à interpeller Dieu directe-

ment, fût-ce à propos de l'impôt et du crédit. Ce
paysan comtois avait fait ses humanités dans la Bible.
Lorsqu'il ne prenait pas l'Éternel à témoin ou à
partie, c'était le diable qu'il évoquait, « l'infatigable
esprit d'analyse qui interroge et contredit sans
cesse ». Et comme ce génial barbouilleur de papier
était possédé de tous les démons, et surtout de celui
du style, rhéteur toujours, et parfois poète jusqu'au
lyrisme le plus haut, il lui arrivait de s'exprimer en
strophes de prose : « Viens, Satan, viens, le calomnié des prêtres et des rois, que je t'embrasse, que
je te serre sur ma poitrine ! Il y a longtemps que je
te connais, et tu me connais aussi. Tes œuvres, ô le
béni de mon cœur ! ne sont pas toujours belles ni
bonnes, mais elles seules donnent un sens à l'univers et l'empêchent d'être absurde. Que serait sans
toi la justice ? un instinct ; la raison ? une routine ;
l'homme ? une bête. Toi seul animes et fécondes le
travail ; tu ennoblis la richesse ; tu sers d'excuse à
l'autorité ; tu mets le sceau à la vertu. Espère encore,
proscrit ! »

Traduisez cela en beaux vers italiens et vous ob-
tiendrez une *Ode barbare* : « *O forza vindice della
razione !...* »

Proudhon a donc été sataniste, et même cardùc-
ciste avant Carducci. Sa prose est-elle plus belle que
l'hymne du grand poète bolonais ? Pour oser se prononcer, il faudrait connaître parfaitement non seulement la langue italienne, mais encore le dialecte
savant que parlait Carducci et tous les secrets de sa

métrique. Est-ce à dire qu'il faille accuser l'auteur de l'*Hymne à Satan* de plagiat? Oh! la chétive et laide querelle! Il est d'ailleurs infiniment probable que Carducci lisait peu Proudhon. Les Italiens du *Risorgimento* ne fraternisaient guère avec le terrible chercheur de noises, qui, seul dans la presse révolutionnaire, s'était prononcé contre l'unité de l'Italie. Songez que cet incorrigible blasphémateur se plaisait à traiter Mazzini de « sectaire » et Garibaldi de « cerveau vide ». Il ne se bornait pas à écrire sataniquement, il vivait le satanisme. A l'exemple du prince des rebelles, Proudhon était banni de tous les lieux. Nous ne prétendons rien conclure. Mais on a, après tout, ne fût-ce que pour mieux ressembler à la Rome maternelle, son orgueil de Gallo-Romain. Tout au plus oserons-nous dire qu'il est peu d'aspects de l'esprit humain, vérités ou sophismes, prières ou blasphèmes, élans de révolte ou extases de foi, qui n'aient trouvé leur forme, et quelle forme! en littérature française.

DONIZETTISME

Le procès intenté à la Société des Auteurs par les héritiers de Donizetti va rendre un peu, un tout petit peu de lustre à une gloire mélancoliquement défraîchie. A défaut de cavatines, l'ombre du maître de Bergame devra se contenter de plaidoyers. Où est le temps où Rubini, en lançant son fameux *Maledetto sia l'instante !* faisait frémir les dames des premières loges ? Elles ne frémissent plus si facilement, les « belles pleureuses » ! Si elles sont toujours belles, elles ne daignent plus pleurer pour si peu.

Son dernier regain de renommée, Donizetti le dut à cet excellent Bertrand, qui s'avisa le premier, voici tantôt quinze ans, de démocratiser l'Opéra. Cet aimable Parisien avait passé longtemps pour un homme sans doctrine sociale, qui se contentait de diriger heureusement les Variétés. Il résolut un jour de faire pénétrer le beau dans les couches profondes du suffrage universel. Il promit d'inspirer à la foule le goût du grand art. C'est pourquoi il donna *la Fa-*

vorite tous les dimanches avec une ferveur méritoire et une douce obstination. Les couches profondes ne comprirent point ce que Bertrand faisait là pour elles ; elles refusèrent de se mobiliser. Les bonnes gens qui vinrent entendre *la Favorite* au rabais ne se recrutèrent que dans le monde des employés et dans le commerce de détail. Le prolétariat ne se rapprocha point de Donizetti. Peut-être flairait-il en cet idéal quelque chose d'orléaniste et d'aboli. Léonore exhala sa dernière roulade dans les bras du petit capitalisme bourgeois.

Le philosophe Jouffroy, que Bertrand n'avait point relu, a écrit des pages profondes sous ce titre : *Comment les dogmes finissent.* Qui nous dira comment et pourquoi finissent les chefs-d'œuvre ? A quel mystérieux moment et pour quelles causes inconnues l'admiration publique se déprend-elle d'un beau ? Si jamais homme passa pour un génie aux yeux de ses contemporains, ce fut Donizetti, en 1840. Il consolait l'Europe du silence de Rossini. Bellini venait de mourir ; il le remplaçait sur les pianos en deuil. Soixante opéras, un *Miserere*, un *Requiem*, et des sonates, et des quatuors, du tragique, de l'élégiaque et du bouffe, du rire et des pleurs, de la terreur et de la gaieté, il fournissait et bâclait tout. Cette facilité, dont aujourd'hui on lui fait un crime, passait pour une adorable insolence ; on lui savait gré d'écrire un acte et de l'instrumenter en moins de huit jours. Il lui avait fallu une semaine pour concevoir et achever *Don Pasquale.* Comme quelqu'un disait devant lui que Rossini avait eu besoin de quinze journées pour composer le *Barbier*, Donizetti s'écriait gentiment : « Il est si paresseux ! » L'improvisateur de Bergame réalisait le type du musicien abondant, illustre, amoureux, aimé. Un peu de désordre de mœurs augmentait son prestige. Ce que nous appelons vilainement « la noce » se nommait alors « l'abus des plaisirs ». Rien ne manqua à sa gloire, pas même une mort cruelle, dans le style du Tasse. Il disparut en 1848, comme un météore, dans l'orage des révolutions.

Lucia di Lammermoor fut l'opéra troublant par excellence. *O bell' alma inamorata !* Flaubert se serait reproché, comme une inexactitude d'histoire psychologique, de griser Emma Bovary d'une autre musique. Cette tragédie, qui se termine par une cavatine, marque une date du sublime pervers. Ce mélodieux gargarisme a secrété de subtils poisons.

La Fille du régiment faillit être méconnue. Le public n'en comprit pas d'abord toute la beauté. Cela tint sans doute à ce que Marié crut devoir chanter faux le premier soir. Mais peu à peu toute l'humanité lyrique revint à résipiscence. En usant d'un ingénieux stratagème, Bayard et Saint-Georges forcèrent l'admiration à s'avouer vaincue. Grâce à la plus subtile des ruses, la Chanson des grenadiers du 21e fit son tour de France. Elle célébrait, cette chanson (*Marziale !*), le régiment par excellence, terreur des maris et des amants, le seul, disait le texte, « à qui l'on fasse crédit dans les cabarets du monde entier ».

Pourquoi de tels privilèges, le dernier surtout, n'auraient-ils appartenu qu'au seul 21e et qu'aux seuls grenadiers ? Bayard et Saint-Georges, non par esprit de lucre, mais par souci d'équité, sentirent qu'il y avait là une injustice. Ils autorisèrent les tournées de province à modifier le poème : on changea le numéro du régiment idéal suivant les garnisons des différentes villes. Chaque cité connut ainsi l'illusion qu'elle possédait la garnison préférée des dieux. Tyrtée mondial et local à la fois, Donizetti subjugua les officiers, alors que depuis longtemps il tenait les femmes. — Oui ou non, était-ce là de la gloire ?

Chères candeurs envolées ! Il y avait alors, comment dire ? de la beauté facile à suivre, tout un idéal portatif, à la ressemblance du « pays légal » et à l'usage des classes moyennes. Des hommes heureux et modérés se résignaient à n'avoir du génie que dans une certaine mesure. Ce beau secondaire répondait à un besoin d'équilibre social. Aujourd'hui, quand les Bovary veulent s'affoler, il leur faut au moins le deuxième acte de *Tristan*. Et encore ! Il paraît que le nirvanisme schopenhauerien ne suffit plus. C'est en musique que le progrès va le plus vite. Le sextuor de *Lucia* s'en est allé rejoindre le centre gauche au firmament des lunes éteintes. Il faut évidemment s'en féliciter... Mais que de choses ainsi se « donizettisent » !

———

LE JACOBIN BEETHOVEN

Un comité s'est formé pour doter Paris d'une statue de Beethoven. Ce sera, espérons-le, une belle œuvre, grave, forte et simple, prouvant aux Allemands que s'ils triomphent au Walhalla de la musique, nous régnons, nous autres, dans l'Olympe de la statuaire. Que le sculpteur prenne son temps ! Rien ne presse. Méfions-nous des surprises du cœur. Nous avons fait naguère au génie anglo-saxon la galanterie d'adopter une image de Shakespeare. L'idée était heureuse, sa réalisation le fut moins. Notre statue du poète d'*Hamlet* justifierait les théories de Tolstoï.

Beethoven à Paris ? Certes, il y sera chez lui, son chez lui étant l'univers. Mais nous avons aussi des raisons intimes de le considérer comme un peu nôtre. Depuis les concerts d'Habeneck il nous a conquis ; c'est le dieu protecteur de nos dimanches. Sait-on ailleurs l'admirer davantage et le mieux aimer ? En parle-t-on quelque part avec plus de sincère et conscient amour ? De jeunes écrivains, informés et en-

thousiastes, M. Romain Rolland, M. Jean Chanta-
voine, entretiennent pieusement son culte. Le génie
de Beethoven est devenu matière de Sorbonne. Fournir le sujet d'une thèse de doctorat, c'est en Allemagne un hommage banal. Chez nous, cela équi-
vaut à un brevet de grande naturalisation spirituelle.

Nous connaissons Beethoven aussi bien que qui-
conque. Nous connaissait-il ? Assez peu, à vrai dire,
et fort mal, en homme qui finit par nous haïr pour
nous avoir éperdument aimés : la France révolutionnaire l'avait déçu. Ce grand tendre fut toujours malheureux dans ses amours. Il crut rencontrer en
Giuletta Guicciardi la vierge idéale, la compagne de
rêve. Elle avait, cette Giuletta, une pauvre petite
âme frivole de poupée mécanique. Après s'être amu-
sée quelque temps du terrible amour qu'elle usur-
pait, elle épousa bourgeoisement le comte Gallenberg. Beethoven lui pardonna dédaigneusement. Il
en voulut toujours à la République française, cette
autre infidèle. Il ne pardonna jamais à sa France de
Plutarque de l'avoir trompé avec ce Gallenberg qui
s'appelait Napoléon.

Beethoven avait reçu le coup de foudre de l'amour
français, comme Kant, comme Gœthe, comme toutes les nobles âmes qui se tournèrent, de 89 à 92,
du côté de l'Occident. Un rayon de notre soleil était
bien allé jusqu'à Kœnigsberg ! L'humble musicien
de Bonn, aux gages de l'Électeur, salua les libéra-
teurs du monde dans ces volontaires mayençais qui
venaient le ruiner. Il s'enfuit joyeusement devant

l'invasion, avec quelques thalers en poche, écoutant déjà chanter en lui les musiques d'une Iliade nouvelle... Vingt-trois ans après, meurtri, désespéré, germanisé, d'humain devenu Viennois, l'Homère, l'Orphée de Hoche et de Bonaparte improvisait des cantates pour distraire le Congrès. Le surhomme domestiqué connut alors une heure de fausse gloire et de mauvais orgueil. Nous avions eu de lui la *Symphonie héroïque*; l'Europe de Metternich lui commandait des numéros pour ses galas. Le plus pur de Beethoven se confond avec ce qu'il y eut en nous de meilleur.

Qu'importe qu'en apprenant que le héros se laissait faire empereur, il ait déchiré rageusement la dédicace de son chef-d'œuvre? Le manuscrit original de l'*Héroïque,* qui fut vendu trois florins dix kreutzers, porte le titre quelconque : *Sinfonia Grande.* Deux mots ont été effacés. Qu'importe? Sous l'épaisse rature se devine le nom de Bonaparte. Ainsi subsiste, sous les badigeons successifs, la première inscription votive au fronton d'un temple désaffecté.

« Beethoven, a dit Schlinder, aimait les principes républicains. » Il croyait que le suffrage universel donnerait au genre humain la justice avec le bonheur. Il comptait sur Bonaparte pour fonder la cité idéale. A la nouvelle du sacre, il poussa ce cri naïf et sublime : « Ce n'est donc qu'un homme ! »

Jacobin, il l'était en toute candeur, l'an 1798, alors qu'il passait ses soirées chez le citoyen général qui représentait la République française à la cour de Vienne. — Cette histoire de la mission de Bernadotte a été savamment racontée par Albert Sorel et Frédéric Masson. On s'accorde généralement à en médire. Peut-être n'est-ce pas une école de diplomatie. Mais cette folle page se relit sans malaise. Le citoyen Talleyrand, ministre des relations extérieures, avait donné à Bernadotte, au nom du Directoire exécutif, mandat d'être insolent. Étonnons-nous qu'un cadet de Gascogne de trente-quatre ans, muni d'instructions semblables, les ait dépassées ! Le soldat de fortune a vraiment, pendant ces deux mois, joui de la vie, de son chapeau à plumes, de son écharpe, de son grand sabre, de son traitement de 140 000 livres, de ses six chevaux, de sa vaisselle plate, de ses dîners et des audiences de cour. L'empereur du lendemain de Campo-Formio faisait, malgré lui, bon visage à ce matamore de tragédie. Bernadotte était capable de tout, même d'une correction irréprochable. En remettant à François II ses lettres de créance, il trouva des formules de chevaleresque courtoisie : « J'ai cédé au désir de contribuer à maintenir la bonne amitié et la bonne intelligence entre deux puissances qui, à des époques critiques, ont mesuré leurs moyens et appris éventuellement à s'estimer. » Pour un homme mal élevé, ce n'était pas mal. « Je suis heureux d'avoir fait la paix avec votre République », répondit l'empereur.

Les relations commençaient le mieux du monde. Les choses ne tardèrent pas à se gâter. Bernadotte méprisait les rois. « Avez-vous vu Sa Majesté ? » demandait Lamartine à un diplomate de 1848. « Est-ce que je vois ces gens-là ? » riposta l'ambassadeur offensé. Déjà, en l'an VI, le souverain futur de la Suède entendait ainsi la fierté diplomatique. S'il parlait de l'empereur de Russie aux ministres de François II, Bernadotte s'abandonnait à des épanchements peu protocolaires : « Bientôt, disait-il, ce tigre à face humaine sera attaqué au cœur de ses États. » Le général était plus réservé avec les dames. Il se vantait de leur tenir « un langage conforme à leur sexe ». Avec l'impératrice il causait musique, et tout se passait bien entre la fille des Bourbons de Sicile et l'ogre français.

Abonné à l'Opéra de Vienne, Bernadotte se piquait de dilettantisme. A l'hôtel Geymüller, les concerts devaient être peu ordinaires, avec Kreutzer et Hummel, avec Beethoven, le plus assidu et le plus fêté. La légende veut même que Beethoven ait reçu de son grand ami jacobin le conseil de dédier à Bonaparte une symphonie. La chose nous paraît des plus douteuses. L'ambassadeur du Directoire haïssait déjà l'homme de Campo-Formio. D'ailleurs, le bonapartisme, tout *plutarquien,* de Beethoven n'avait besoin d'aucun excitant. Le musicien révolutionnaire aimait spontanément alors les hommes et les choses qui venaient de France. Le citoyen ambassadeur payait bien les artistes. Il faisait mieux, il les traitait égalitairement. Entre deux sonates, on prédisait l'écroulement prochain de tous les trônes. Cependant, la

canaille viennoise venait siffler sous les fenêtres et
insulter le drapeau tricolore. Ce soir-là, Bernadotte
donnait à dîner. Il descendit dans la rue et menaça
de charger. Cette diplomatie, sabre au poing, lui
convenait mieux que l'autre. Il fut très crâne et parfaitement digne.

Qui sait si Beethoven ne dînait pas, le 13 avril 1798,
à l'hôtel Geymüller? Ce serait, avec plusieurs autres, une raison pour nous de souscrire à sa statue.

UNE DYNASTIE

Le chanteur Manuel Garcia, qui vient de mourir à cent deux ans, reçoit les honneurs d'un personnage de légende. Ceux qui meurent accablés d'ans méritent tous les hommages. Quelque mal qu'il nous plaise à dire et à penser de la vie, nous pensons, sans trop oser le dire, plus de mal encore de la mort. Aussi savons-nous gré aux individus centenaires de venger l'Espèce et de vaincre un peu l'Ennemie, en lui faisant attendre son heure. On raconte que Polydore Millaud, un des créateurs de la presse populaire, enjoignait à ses rédacteurs d'annoncer de temps à autre le décès d'une personne âgée de plus de cent ans. Quand l'information exacte faisait défaut, il ne craignait pas d'y suppléer par une innocente imposture. « Cela flatte l'abonné », disait-il. Parole profonde, bien digne d'un docteur en psychologie des foules. La popularité des centenaires sera un des derniers respects de l'humanité.

L'idée que nous pouvons saluer dans la rue quelqu'un qui a connu Beethoven ou Napoléon nous exalte et nous réconforte. Le passé est, après tout, ce que nous savourons de meilleur. Le présent ne se déguste pas : il s'avale, à l'odeur des cuisines. On suppose difficilement quel goût aura l'avenir ; les chimistes audacieux qui le préparent ignorent eux-mêmes s'il se composera de nectar ou de poison. L'illusion que nous sommes renseignés sur nos ancêtres mieux que sur nos fils et que sur nous-mêmes amuse notre recherche de la certitude. Les témoins attardés d'époques lointaines prolongent sous nos yeux la réalité sensible de l'histoire ; nous vénérons en eux des êtres privilégiés et à demi saints qui ont pour mission d'empêcher du passé de mourir.

Manuel Garcia conservait, dit-on, la vision lucide de toutes les nobles choses disparues dont il avait été spectateur. L'an dernier, il pouvait encore prendre part joyeusement aux pompes de son anniversaire. Depuis plus d'un demi-siècle, il vivait chez les Anglais. Mais cet Espagnol britannisé, qui fut un maître du chant italien, a dû mourir en odeur de dévotion française. La race des Garcia est une fille adoptive de Paris.

Le père, qui s'appelait Manoel del Popolo Vicente, ainsi qu'un capitan qu'il était, avait débuté comme premier ténor à la chapelle de Murat. Quand il vint chanter à Paris, il terrifia nos arrière-grand'mères en rugissant Othello et les induisit en damnation en ressuscitant don Juan. Il séduisit les dames de France parce qu'il mêlait la fougue andalouse aux grâces d'Italie. Il voulut à tout prix faire souche de virtuoses géniaux. C'était un dynaste impérieux jusqu'à la cruauté. Une tradition prétend que ses trois enfants, Manuel, Maria-Felicia et Pauline, connurent le fouet en même temps que le solfège. Si des cris de douleur s'entendaient au loin dans le quartier, les voisins comprenaient par là que don Manoel révélait la musique à sa famille. Cette méthode féroce créa trois prodiges.

Le fils aîné, Manuel, fut le moins extraordinaire des trois. Il perdit, jeune, sa délicieuse voix de baryton et dut se faire professeur. Il enseigna au Conservatoire de Paris l'implacable méthode des Garcia, aux bastonnades près. Jenny Lind, la fauvette scandinave, fut le chef-d'œuvre de sa pédagogie. Les grands artistes, alors, ne s'improvisaient pas. La folie de la perfection, née d'un respect profond du public et d'une très haute idée de leur art, torturait leurs apprentissages. Pendant plus d'un an, Manuel Garcia imposa à son élève suédoise le supplice quotidien de la vocalisation. Jenny pleurait, trépignait d'impatience : elle voulait chanter. « Vocalise d'abord ! » répondait le maître. Quand il jugea terminé ce stage cruel : « Maintenant, ma fille, que j'ai fait de toi une des premières cantatrices du monde, je te permets de chanter. » Jenny Lind fut payée de ses peines par ce madrigal de Meyerbeer : « Vous chantez des étoiles ! » Ces hyperboles-là ne sont plus que de politesse courante; on les entend redire en une langue plus familière, dans la cour du Conservatoire, les jours d'examens d'entrée.

La première sœur de Manuel Garcia fut, et c'est tout dire, la Malibran

Qui traversa l'Europe, une lyre à la main.

Quant à Pauline, la sublime Fidès, l'Orphée, l'Armide que dut rêver Gluck, vous pourriez l'entendre vous conter elle-même l'époque du lyrisme héroïque; Mme Viardot est des nôtres encore. Sa grande voix s'éteint doucement dans un murmure d'aïeule heureuse.

Quand elle débuta, en 1839, au Théâtre-Italien, alors campé à l'Odéon, sa divine sœur était morte depuis trois ans. On n'osait espérer que cette enfant de dix-huit ans allait rendre une seconde Malibran à l'amour du monde. Pauline fut merveilleuse, en étant autre. Quand elle chanta : *Assisa al pie d'un salice,* l'ombre douloureuse de Ninette plana sur la lyre de Desde-mona. Alfred de Musset donna le signal du triomphe.

L'Enfant du siècle avait pleuré la sœur aînée en strophes immortelles. A la cadette, il fit deux articles, qu'on ne peut relire sans se sentir infiniment loin de ces temps si proches. Il avait des mots à sa disposition, celui-là, et des métaphores à la mesure de ses enthousiasmes ! Mais le bon ton, la prudence, le goût, cet on ne sait quoi qui s'appelait le tact l'emprisonnaient dans la peur de trop dire. Imaginez un grand écrivain d'aujourd'hui célébrant ce qu'il y a de plus triomphal dans l'œuvre de la nature : une jeune femme qui chante avec génie ! Notre langue n'aurait pas assez d'adjectifs sur la palette...

Voici les termes dont se servait Musset : « Sa physionomie est pleine d'expression... Elle se livre à l'inspiration avec cette simplicité pleine d'aisance qui donne à tout un air de grandeur... Une personne remplie de talents, de mérites et de modestie, chez qui une excellente éducation a fécondé la plus riche nature. ». Il ajoutait : « Ce spectacle éveille la plus vive sollicitude. »

Voilà pour l'éloge. Même modération seigneuriale dans le blâme. Musset était mécontent de Rubini, qu'il avait trouvé froid, plus chanteur que tragédien : un Othello à peine mulâtre. Lorsque le père Garcia jouait le Maure avec la Malibran, le parterre craignait pour la fille du ténor autant que pour l'épouse du jaloux. Musset, hanté par ce souvenir, veut dire à Rubini une méchanceté de gentilhomme de lettres. « Il joue comme un rossignol », déclare-t-il. — En 1839, c'était une « rosserie ».

De nos jours, on ne se brouillerait pas pour si peu avec un ténor. Quant à nos adorées comédiennes, soumettre à l'une d'elles, l'avant-veille de son début, un article comme celui de Musset, ce serait s'exposer à un pâle sourire. Mme Viardot, elle, ne pourrait relire ces pages qu'à travers deux larmes de gratitude. Ces illustres vieillesses, avec leur candeur attendrissante et leur orgueilleuse leçon d'humilité, prennent un caractère d'utilité publique. Elles exercent une indispensable sinécure.

———

LE SOULIER DE FANNY ESSLER

Nos amis de Hongrie ne se privent de rien. On va, nous apprend-on, placer dans le musée national de Budapest un document historique dont l'importance ne saurait être discutée. Une dame a fait don à ce musée d'un chausson de danse de Fanny Essler. Cette relique provient de l'héritage d'un ancien maire de Pesth. Lorsque Fanny vint, en 1844, charmer les riverains du Danube, on lui offrit, ainsi qu'il convenait déjà, un banquet enthousiaste. Le toast apologétique fut porté dans un soulier que la danseuse avait consenti à prêter à ses admirateurs en manière de coupe de communion. Elle daigna pousser plus loin encore la condescendance : elle inscrivit son nom au fond du vase vide et fit don du tout au maire interprète de la libation. La famille de cet édile aimé des dieux avait gardé jusqu'à ce jour ce chausson sacré ; elle vient de s'en dessaisir patriotiquement. Les deux gestes, celui d'aujourd'hui et celui d'hier, sont également beaux. Et le musée de l'État hongrois s'enrichit ainsi d'un précieux souvenir.

Que la jalousie ne nous égare point ! Nous devons être doux à la mémoire de Fanny Essler. Elle fit les délices de nos grands-pères aux temps lointains où les danseuses savaient danser. Le docteur Véron, qui était un homme audacieux, brava en son honneur la colère de Taglioni. Fanny n'eut qu'à paraître dans la *Tempête* pour métamorphoser les abonnés en un peuple d'esclaves. La Florinde du *Diable boiteux* dressait ses pointes sur un tapis de cœurs. Elle nous imposa la cachucha, où elle fut divine, et qu'il ne faut pas confondre avec le fandango, qu'elle dédaignait. Elle avait enchanté les Parisiens bien avant de conquérir les Magyars. Ceci dit sans la moindre amertume et tout simplement pour ne pas laisser prescrire notre droit de priorité.

Nous pensions avoir encore une autre raison de revendiquer l'immortelle ballerine comme un personnage d'histoire de France ; nous nous laissions dire complaisamment qu'elle et le duc de Reichstadt s'étaient aimés. Les dictionnaires propagaient cette tradition avec un zèle étourdi. Puis M. Edmond Rostand est venu ; avec cette grâce des poètes qui demeure la plus forte, il a embelli la figure de Fanny Essler d'un charme nouveau. Qui ne se souvient de l'adorable fin du premier acte de l'*Aiglon* : la gentille saltimbanque, en son costume de folie, venant réciter au fils de l'Homme des lambeaux de l'épopée paternelle ? La baguette d'un enchanteur métamorphosait sous nos yeux le petit être de plaisir en une mignonne fée du devoir. Cette leçon d'héroïsme blottie dans une jupe de gaze, quel charmant et tendre symbole !... Alors ce n'est pas vrai ? Comme c'est dommage ! Heureusement que toutes les rectifications du monde n'y feront rien et que la Fanny d'Edmond Rostand vivra d'une vie meilleure et plus durable que la pauvre vie de la vérité.

La vérité, puisqu'il faut la dire, c'est que le duc de Reichstadt n'a même point parlé à Fanny Essler. L'excellent historien du *Roi de Rome,* M. Henri Welschinger, est formel : « Le duc ne lui avait jamais dit un mot. Ce qui avait donné naissance à ce bruit, c'est que le chasseur du duc était venu parfois dans l'hôtel de Fanny. » Ne vous hâtez pas de reprendre espoir et de dire : « Que venait faire ce serviteur d'un prince de vingt ans au domicile d'une danseuse de dix-neuf ? » Ce chasseur portait tout prosaïquement les messages politiques de Prokesch à l'homme aimé de la ballerine. Il faut changer d'idylle. L'homme aimé, c'était le vieux chevalier Frédéric de Gentz. O petite Fanny !

Quelqu'un, après tout, ce Gentz, quelqu'un de haïssable, de méprisable peut-être, mais qui se grandit, avec le recul, à la hauteur d'un type. Il a créé ce personnage qui se joue encore dans certaines tragi-comédies diplomatiques : le journaliste fonctionnaire. L'homme à tout faire et à tout écrire, à qui l'on ordonne de bavarder, désavoué en cas de malheur, décoré après le succès, payé toujours. Prussien de naissance, Anglais d'occasion, Autrichien de profession, après avoir eu Kant pour professeur de pangermanisme, Gentz prit sa retraite dans la domesticité de Metternich. Intelligent, averti, perspicace, cosmopolite comme un espion, parlant toutes les langues, écrivant la nôtre à miracle, joueur, galantin, bel homme, ayant presque du génie dans le genre subalterne, tous les talents et tous les vices, c'est une sorte d'Arétin silésien. Napoléon lui servait, dans les colonnes du *Moniteur,* une psychologie simpliste : « Misérable scribe, un de ces hommes qui se vendent pour de l'argent ! » Un vilain sire, assurément, mais capable de faire pour rien, pour le plaisir, les besognes nourricières de ses débauches. Salarié pour mentir, il ne mentait point. Sa sincère haine de la France révolutionnaire lui refaisait presque une probité.

Séduisant, cela va sans dire. Mme de Staël a failli l'aimer. Elle ne détestait point les hommes sans vertu. Il échappa, croyons-nous, à ce redoutable bonheur, parce qu'il ne se souciait guère des femmes de génie sans beauté. Dans les dernières années de sa vie, il habitait à Vienne un pavillon caché sous les fleurs. Un peu abêti en toute élégance, las du monde entier et surtout de lui-même, obsédé de la peur de la mort, il s'organisait dans la cité des valses une fin virgilienne et polissonne. Quand il vit Fanny Essler danser au Théâtre-Impérial, le myosotis de l'amour viennois fleurit sur les moisissures de son vieux cœur. Il avait des rosiers, un jet d'eau et une volière dont le plus joli oiseau était cette gamine aérienne et gazouillante. Si nous en croyons sa correspondance, M. de Gentz fut heureux. « Je l'ai conquise, écrivait-il à un ami, par un seul enchantement, celui de mon amour. Elle n'imaginait pas avant de me connaître qu'il en pût exister de pareil. » Napoléon était vengé. « Tout me ravit en elle, ses yeux, ses mains que je puis contempler des heures entières, sa voix qui m'enchante toujours... » Si Gentz racontait ces choses-là à Metternich, le flegmatique ministre devait jouir largement du plaisir de se sentir remboursé de ses dépenses. « Enfin, concluait Gentz, je suis compris et aimé. » Il en mourut.

Après tout, un soulier de Fanny Essler c'est un petit morceau de petite histoire. Ce pied de Sulamite viennoise a foulé l'âme d'un Salomon de fonds secrets.

LE CITOYEN DAVID

Les héritiers de Louis David refusent de déménager les cendres de leur aïeul. Comme on comprend leurs raisons ! La parole de Chateaubriand sera toujours vraie : « Un cadavre courant la poste fait horreur. » Néanmoins, l'idée, émise par notre confrère M. Henry Lapauze, de faire à David les honneurs du Panthéon, ne pouvait être que très agréable au monde de l'art. Il n'y a pas, singulier oubli ! un seul artiste au temple de la gloire française. Dans toute l'histoire de notre art on en trouverait difficilement de plus grands que celui-là. Ingres, à la fin de sa vie, s'inclinait très bas devant le génie de David. Il allait même jusqu'à dire, en homme qui aimait les formules exclusives : « David a été le seul maître du siècle. » Lorsqu'il reprit, dans sa vieillesse, la composition d'*Homère déifié*, Ingres ajouta le portrait de David à la galerie des homérides. Il se plaça lui-même, sous la figure d'un servant d'autel, au-dessous du maître de ses jeunes années. Dans ses notes, on a retrouvé un commentaire du dessin de l'*Apothéose*, où il exprime ainsi son admiration : « Je n'ai pu oublier le puissant David qui, plus d'un siècle après Poussin, a été le glorieux régénérateur de l'art en France. Le feu de l'autel est entretenu par un jeune servant de douze ou quatorze ans dont je laisse la ressemblance et le nom à deviner. »

En tant qu'artiste, David fut grand entre les plus grands. Assez petit, en tant qu'homme, serait-on tenté d'ajouter. Mais à quoi bon ? Et puis, si la vie de David eut des mesquineries et des laideurs, il y a longtemps de cela ! Ses fautes ont vieilli, ses œuvres durent. Fut-il d'ailleurs le seul homme de son temps qui ait montré dans une grande tourmente un petit courage ? A un siècle de distance, les enquêtes de moralité sont à la fois trop difficiles et trop faciles. Assurément David ne fut pas un caractère. Un mauvais caractère, en revanche, un confrère peu sûr, rancunier, injurieux, jaloux, tyrannique, le type achevé de l'homme sans amis. Aussi se forma-t-il contre sa mémoire une légende vengeresse, où il y a du vrai, avec beaucoup d'injustice et de mensonge. Il fit beaucoup de mal, à coup sûr, mais moins qu'on ne lui en a prêté. On ne prête qu'aux riches, dira-t-on. Encore faut-il ne pas leur en imposer plus que de raison.

La vérité, croyons-nous, c'est que cette intelligence hardie et hautaine se doublait d'une volonté subalterne. David était un novateur du genre fonctionnaire, un despote peureux. Comme Talleyrand,

comme Fouché, comme tant d'autres révolutionnaires, il était né avec une âme officielle. L'orthodoxie
politique affecta en France, entre la prise de la Bastille et la seconde Restauration, des aspects d'une
variété troublante. Les palinodies de David ne sont
à vrai dire que des manières successives de pratiquer la seule dévotion qui lui tint au cœur : la religion de la commande. Le culte de Marat est-il dé-
crété ? David, interprète docile de la vérite officielle,
exécute une héroïque image de sainteté, conforme
au dogme nouveau. Chez lui, la probité ne consiste
pas à croire à ce qu'il peint, mais à le bien peindre.
Ainsi Fra Filippo Lippi alliait au don d'exprimer la
chasteté des madones un peu de paillardise sacrilège ; Pérugin passe pour avoir conseillé l'inspiration mystique avec un athéisme tranquille et
joyeux.

David respectait dans le pouvoir la source nourri-
cière du génie. Son loyalisme robespierriste ne fut
qu'une ébauche de son napoléonisme futur ; à travers
les hommes et les choses de la Terreur, il cherchait
le patronat fastueux de ses rêves ; à mesure que les
formes du pouvoir se modifiaient, il changeait de
fidélité, avec une cynique et grandiose candeur. Le
8 thermidor, rien ne paraissait moins certain que
la chute de Robespierre. David alla aux Jacobins
applaudir l'homme de la vertu. Robespierre parla
de boire la ciguë ; cette formule toute davidienne enthousiasma David. « Nous la boirons tous avec
toi ! » s'écria-t-il. Le lendemain, il se trouva trop in-

disposé pour se rendre à la Convention. Sans cet opportun malaise, sa place était retenue dans la charrette, entre Henriot et Couthon. Pendant la période thermidorienne, il jugea prudent de peindre de préférence des portraits intimes. L'esprit de la grande commande sommeillait en lui.

Le bonhomme Delécluze nous a conté comment le maître accueillit la nouvelle du 18 brumaire. Delécluze trouva l'ancien conventionnel en train de fumer sa chère petite pipe, la seule personne qu'il ait tendrement aimée. « Hélas ! s'écria David, j'avais toujours bien pensé que nous n'étions pas assez vertueux pour être républicains ! » Il éprouva le besoin d'accompagner cette pensée d'un texte latin ; il commença : « *Causa victrix diis placuit...* Comment donc est la fin, Étienne ? » Delécluze compléta la citation. « C'est cela, mon bon ami, conclut David, *sed victa Catoni.* » Et il tira de sa pipe une bouffée profonde, où flottaient les fantômes de Marat, de Robespierre et de la Guimard. Et Caton devint, en toute sincérité, premier peintre de César.

Cette fois, il le tenait, le patronat, la vivante et triomphante matière à chefs-d'œuvre. En l'asservissant définitivement, de la façon dont il savait asservir, Napoléon guérit David de la maladie de la souplesse. Le bonapartisme devint pour le peintre du *Sacre* la foi dans laquelle il mourut. Pour la première fois de sa vie, il refusa de changer de maître.

Oui ! du caractère, et du vrai, de l'orgueil de belle qualité ! David en eut contre les Bourbons.

Tout d'abord il bouda dignement. Entre la chute de Napoléon et le retour de l'île d'Elbe, il s'abstint d'assister aux réunions hebdomadaires de la quatrième classe de l'Institut. Il vint néanmoins, à la séance annuelle de 1814, pour accomplir un devoir. Deux de ses disciples étaient couronnés : Rioult, second prix de peinture, Léopold Robert, second prix de gravure. Un usage charmant, qui dure encore, voulait qu'après avoir reçu leur récompense, les lauréats allassent embrasser leur maître. Le duc d'Angoulême, pour s'entraîner au mécénat, présidait la cérémonie. On affecta de ne pas lire, à la suite des noms de Robert et de Rioult, la mention coutumière : élèves de David. On avait interdit d'avance aux deux élèves d'aller recevoir l'accolade traditionnelle. Cependant, muet à son banc, David opposait à l'outrage ce masque d'orgueil dont la laideur avait si longtemps fait trembler. Cette fois, ce n'était pas lui qui était petit !

Quelques semaines après, il recevait, dans son atelier de la Sorbonne, la visite de Napoléon. Le « premier peintre » achevait le *Léonidas aux Thermopyles*. « Très bien, monsieur David, lui dit l'empereur, continuez à honorer la France. J'espère que des copies de votre tableau ne tarderont pas à être placées dans les écoles militaires. Elles rappelleront aux jeunes élèves les vertus particulières de leur état. » Une nomination de commandeur de la Légion d'honneur sanctionna cette page d'impériale critique d'art.

Dernier sourire de la fortune, dernier tableau peint au pays de gloire ! La vie officielle de David était finie. En 1816, il se vit compris dans la loi dite d'amnistie, qui proscrivait les régicides. Il lui plut de finir en banni, c'était dans le style de l'atelier. Il eût pu changer encore de fidélité, il dédaigna de le dire. Lorsqu'il alla demander ses passeports au ministère de la police, Decazes lui dit obligeamment : « Cette loi n'est pas faite pour un homme comme vous. J'arrangerai cela avec le roi. Vous pouvez rester, monsieur David. » Il mit son orgueil à partir. Sa dernière matinée de France, il alla corriger ses élèves et leur recommanda d'éviter, comme le péché, « les sujets futiles ». Et puis il s'en alla, noblement, simplement, en homme qui avait reçu de Tite-Live et de Plutarque des leçons de grandeur d'âme. Pendant son austère vie bruxelloise, il fut un grand peintre et un grand homme.

La Belgique aurait bien pu nous le rendre : elle a eu le meilleur de lui.

LES BÉSICLES DU PÈRE CHARDIN

Les organisateurs de la très prochaine exposition de Chardin promettent de nous montrer, auprès des chefs-d'œuvre du peintre, quelques-uns de ses objets familiers. Un collectionneur de reliques consent à prêter les bésicles du bon vieux maître. N'allez pas prendre les bésicles de Chardin pour n'importe quel instrument d'optique. Il faut les vénérer comme un talisman. Baudelaire parle quelque part d'un marchand forain qui vendait des verres pour voir la vie en beau. Siméon Chardin portait des lunettes magiques. Mais l'enchantement ne venait pas des verres ; il était dans ses yeux et dans son âme. Le monde lui apparaissait en beauté de vertu.

Ah ! l'exquise créature de Dieu que ce bonhomme de génie ! En voilà un qui est bien de chez nous ! Son œuvre a fleuri au pâle soleil parisien, entre les fentes du pavé du roi. L'admirer n'a rien que de facile, mais connaître l'être humain que fut ce portraitiste des humbles choses, chérir cet aïeul, rien ne repose mieux des légendes tapageuses, rien ne venge plus sûrement le monde calomnié d'autrefois.

La France du xviiie siècle n'était pas peuplée seu-

lement de fermiers généraux et de demoiselles. Il y
avait aussi, parmi les sujets du roi Louis XV, plusieurs millions de braves gens tranquilles. Ceux-là
n'eurent point de chroniqueurs. Ils ont trouvé en
Chardin leur poète, quelqu'un de la même humanité, qui leur sert aujourd'hui de répondant. Chardin, c'est le peintre, sans brevet royal, de Sa Majesté Tout le Monde.

Une fois de plus, allons le saluer au Louvre, tel
qu'il s'est peint lui-même, à soixante-seize ans, alors
qu'il se faisait pastelliste pour ressaisir le succès en
fuite. « Un portrait est un aveu », a dit un artiste
contemporain. Chardin pouvait s'avouer tout entier.
Il nous regarde bien en face, le loyal et paisible
vieillard ; il n'a rien à cacher de son esprit ni de son
cœur, rien de sa rude vie d'ouvrier sans reproche. Il
peut défier les biographes à scandales et les psychologues chercheurs de tares. « Vous pouvez chercher,
semble-t-il dire, vous ne trouverez pas une minute
de honte dans les quatre-vingts ans de ma destinée. »
Presque un siècle de modeste probité ! La gloire
et le génie lui vinrent sans qu'il fît jamais, pour les
conquérir, rien d'autre que de rester lui-même. Il ne
songea même pas à s'enrichir. Les merveilles que
se disputait la clientèle demeurèrent à la cote de
quinze cents livres. Ce bourgeois, fils d'artisan,
traita l'or avec un dédain seigneurial. La délicieuse
idylle parisienne que l'histoire de son premier mariage ! Siméon, déjà célèbre et membre de l'Académie royale, mettait, le dimanche, de la poudre et

un gilet à fleurs pour aller danser au bal du quartier. La mignonne Marguerite Sainctar lui prit le cœur. Elle passait pour avoir du bien. Les parents de Chardin trouvaient assorti ce mariage entre leur académicien et une héritière. Au cours des fiançailles, Marguerite perdit sa famille et sa fortune. Chardin le père, qui n'était que menuisier du roi, lui découvrit aussitôt moins de charmes. Chardin fils persista à la voir à travers ses lunettes enchantées. Il la conduisit à Saint-Sulpice, et de leurs deux misères il essaya de faire un bonheur.

Fragile bonheur qui ne dura pas ! La jeune femme épuisée, maladive, mourut au bout de quatre ans, laissant au pauvre veuf un fils à élever.

L'éducation de cet enfant mal venu, ce fut la seule folie que se permit Chardin. Il rêva pour son fils une carrière comme celles de M. Van Loo, de M. de Troy, de M. Natoire, du latin et du grec, le prix de Rome, l'école des élèves protégés, la commande royale, tout le fastueux officiel de la grande peinture. Pierre Chardin avait de génie tout juste ce qu'il en faut pour faire un raté. Mauvaise tête, fumeuse et troublée ; trop d'intelligence pour ne pas se sentir impuissant, trop de vanité pour en convenir. La seconde femme du père est-elle absolument innocente du naufrage lamentable de cette vie ? Chardin s'était remarié, en prose cette fois, avec une voisine déjà mûre, propriétaire d'un immeuble et veuve d'un ancien mousquetaire. Le pastel de Marguerite Pouget, que le maître exposa avec son propre portrait au Salon de

1775, nous révèle une rusée ménagère, aux lèvres minces, vrai type de Normande énergique, dont la tendresse ne devait pas être le défaut. Solide tâcheronne avec cela, probe et entendue, qui aidait son mari à remplir les fonctions de trésorier de l'Académie. L'illustre Compagnie manquait de ressources ; son budget s'équilibrait Dieu seul et le roi savaient comment. Mme Chardin mettait un ordre de fourmi dans cette comptabilité de cigales. « Sans ses secours, écrivait Chardin à M. d'Angiviller, j'aurais été souvent fort embarrassé de bien des détails ,de cette place très étrangère aux arts. » C'est à merveille, mais quel accueil put bien recevoir de cette caissière modèle l'orphelin ombrageux et taciturne qu'était le petit Pierre?... Sans doute nous calomnions cette bonne dame, sous prétexte que son image est inquiétante. Peut-être ne fut-elle pour rien dans la fin tragique du pauvre fruit sec de l'école de Rome, qui s'alla noyer à Venise, par désespoir de n'être point un homme de génie.

Il y a un mot de Chardin, douloureusement sincère et très profond, où tout le drame de la vie de son fils se laisse deviner. Chardin se promenait au Salon avec Diderot et d'autres gens de lettres. Déjà les artistes redoutaient et récusaient les critiques, déjà prompts aux apothéoses et aux anathèmes. Mieux que personne, Chardin connaissait ses compagnons de rêve, leurs besoins, leurs passions et leurs misères. Ses pairs l'avaient choisi pour placer des tableaux de l'exposition. Il savait par expérience que ce n'est pas seulement de la peinture, mais de leur chair, de leur sang, de leur âme que les artistes envoient au marché annuel. Il exhortait les critiques à l'indulgence et à l'équité. « De la douceur, messieurs, de la douceur ! » répétait-il au fougueux Diderot, prompt aux généralisations meurtrières comme un journaliste pressé qu'il était. Et il terminait par cette véridique et triste parole : « Celui qui n'a pas senti la difficulté de l'art ne fait rien qui vaille. Celui qui, *comme mon fils,* l'a sentie trop tôt, ne fait rien du tout. » Sa conclusion semblait un refrain : « Adieu, messieurs. De la douceur ! »

Chardin ne se fâcha qu'une fois : un laquais de Crozat lui ayant parlé insolemment, il le jeta dans l'escalier. Tout le reste de son existence obéit à cette loi de la douceur qu'il prêchait à la presse de son temps. Il trépassa avec les bésicles magiques sur son bon gros nez de chien fidèle. Le 6 décembre 1779, Doyen écrivait à un ami : « M. Chardin a reçu le bon Dieu. » Nous sommes tranquilles sur la manière dont il accomplit son éternité. Il est impossible qu'on n'aime pas la vraie peinture française au paradis aussi bien et mieux encore qu'elle n'est aimée sur la terre. « On s'arrête devant un Chardin, disait Diderot, comme d'instinct, comme un voyageur fatigué de sa route va s'asseoir, sans presque s'en apercevoir, dans l'endroit qui lui offre un siège de verdure, du silence, des eaux, de l'ombre et du frais. » Quelle admirable définition de l'art de Chardin dans ces deux mots : « Du silence ! »

——————

LEURS VEUVES

Dans sa pièce le *Réformateur,* M. Edouard Rod paraît accepter tout le « bloc » de Jean-Jacques, y compris Thérèse Levasseur. A l'histoire de l'horrible mégère hargneuse et sordide, il oppose la légende de l'humble servante au cœur maternel. Notre ami Adolphe Brisson préfère s'en tenir à la tradition. Il semble bien que ce soit le parti le plus sage. On parviendrait difficilement à poétiser Thérèse : il devait être aussi pénible à un homme équilibré de vivre avec elle qu'à une véritable créature féminine de vivre avec le philosophe de Genève. Lequel des deux fut le plus à plaindre ?

Un chercheur d'inconnu, tel que Lenôtre, devrait bien nous conter l'existence de Thérèse Levasseur entre 1778 et 1801, de la mort de Rousseau à sa propre mort. La Révolution voulut à tout prix honorer en elle la veuve d'un grand homme. Jean-Jacques l'avait-il épousée? Oui et non. Non surtout. Il s'était contenté de déclarer un jour, en présence de deux amis, qu'il la prenait pour femme légitime à la face de l'Être suprême. Quand il la connut, alors qu'elle tenait le linge à l'hôtel Saint-Quentin, il lui avait promis « de ne l'abandonner et de ne l'épouser jamais ». Ce double engagement fut strictement exécuté. L'Assemblée nationale et la Convention n'y regardèrent pas de si près ; elles prirent Thérèse en tant que veuve légale et lui accordèrent douze cents livres de pension. Les vingt et quelques années pendant lesquelles dura ce veuvage sont mal connues. Thérèse aurait donné pour continuateur à Jean-Jacques un palefrenier irlandais, nommé John, dont l'histoire a trop respecté l'incognito. Il ne nous déplairait point d'être documenté sur John. On entrevoit bien sa psychologie, et tout permet de supposer qu'elle ne manquait pas de simplicité ; il possédait probablement une santé meilleure que celle de Rousseau, avec des sentiments plus conservateurs. Mais on n'instruit pas le procès d'un mort sans étudier les pièces de son dossier. L'énigme de John demeure irritante. On prétend qu'il mangea dans les cabarets la rente nationale et en rossa sans retenue la titulaire. On raconte encore que sous le Consulat, Thérèse, en haillons, mendiait à la porte de la Comédie-Française. Tendait-elle la main aux passants en qualité de veuve Jean-Jacques ou de veuve John ? Ce sympathique palefrenier était-il mort ?... Peut-être apprendrons-nous un jour ou l'autre que John fut un grand calomnié...

Calomniée, après tout, Thérèse l'a bien été, elle aussi, dans une certaine mesure ! Le service quotidien des malaises et des humeurs de Jean-Jacques exigeait, en somme, quelque chose qui ressemble presque à de la vertu. Voltaire en parlait à son aise, quand il reprochait au « chat huant » de Genève d'avoir « une chouette » pour compagne. Une duchesse eût hésité à accepter l'emploi. Voltaire faisait de la personnalité de Thérèse un de ses principaux griefs contre Rousseau. Dans le poème de la *Guerre civile*, il se plaît à désigner la gouvernante de son ennemi sous le pseudonyme désobligeant de « Vachine ». Rousseau, qui, au demeurant, eut le beau rôle dans ce duel de haine, craignit ou dédaigna de riposter.

Il eût pu le faire. Au point de vue de la « Vénus ancillaire », le châtelain et le vagabond n'avaient rien à se reprocher ni à s'envier. Mme Denis portait des atours plus coquets que Thérèse et mettait du rouge pour jouer les princesses de tragédie. Mais la « Marie-Louise » du seigneur de Ferney mérita-t-elle plus de lauriers que la pauvre Levasseur ?

Ce qui sauve Mme Denis, c'est son comique. Cette grosse petite mère réjouie, qui cuisinait génialement et mangeait de ses plats jusqu'au danger de mort, désarme à force de bouffonnerie. « La nièce de Voltaire est à mourir de rire », disait Mme d'Epinay. Et l'aimable mauvaise langue d'ajouter aussitôt, pour qu'on n'en ignore : « Elle adore son oncle en tant qu'oncle et en tant qu'homme. Voltaire s'en moque et la révère. » Il devait en avoir secrètement peur ;

elle était colérique et tapageuse. Au fond, elle se tenait moins bien que Thérèse. Quand Voltaire résolut d'émigrer en Prusse, elle exigea d'être du voyage. L'oncle, bon gré mal gré, écrivit à Frédéric et demanda même, pour les frais de mobilisation de sa nièce, un crédit supplémentaire de mille louis. On a beau être roi, c'était payer un peu cher le plaisir de voir de près Mme Denis. Frédéric se déroba à cette joie, en usant d'une formule bien digne d'un philosophe diplomate qui goûtait les peintures et les phrases françaises : « Je serai fort aise, répondit-il à Voltaire, que Mme Denis vous accompagne, *mais je ne le demande pas.* » Ce n'est pas mal pour un Prussien.

Cette joyeuse boulotte, d'une laideur farce, était galante au besoin. Les méchantes gens prétendent qu'elle distingua quelques-uns des innombrables hôtes de son oncle. A quarante-sept ans, elle prit feu pour un beau major, Samuel de Constant, auteur d'un ouvrage intitulé *Laure de Germosan ou Lettres de quelques personnes de Suisse.* Un livre à lire. Marmontel déclare qu'elle était « aimable avec sa laideur ». On l'accusait, après boire, d'être particulièrement renseigné.

Ni Voltaire ni Rousseau ne furent heureux en veuves. Voltaire eut son John. La bonne petite Mme Denis, dès qu'elle eut liquidé l'oncle, épousa, dans l'ardeur de ses soixante ans, un ancien soldat, commissaire des guerres, François, dit Duvivier. Elle aimait les militaires. Ce fut un scandale dans le monde de la philosophie. Diderot, ayant rencontré l'heureuse Mme Duvivier au bras du successeur de Voltaire, écrivait à un ami : « Elle était dégoûtante de bonheur.. »

François, dit Duvivier, gagnerait à être mieux connu. Lui aussi, il est calomnié. Serait-il vrai qu'il battait Mme Denis, étant moins facile à intimider que Voltaire ? Une enquête s'impose.

O John, ô François ! qui nous dira si vous étiez dignes de votre impertinent bonheur ? Héritiers de deux hommes de génie, vous fûtes tous deux vraiment aimés pour vous-mêmes. La littérature n'y était pour rien. Ah ! les heureux gaillards que ce John et que ce François !

TOURVILLE

On célèbrera très prochainement, dans la jolie petite ville de Coutances, une fête qui sera celle de l'ancienne marine. La statue de Tourville va se dresser sur la place du Parvis, en face de cette merveilleuse cathédrale dont les hautes tours guident les navigateurs. Coutances revendique Tourville. On a cru longtemps qu'il était né au manoir de la Vallée, sur le domaine de sa famille. D'impitoyables archivistes ont découvert qu'il fut baptisé à Paris, dans l'église Saint-Sauveur ; il fut enseveli à Saint-Eustache. Mais il revint toujours en son vert pays du Cotentin. Cet homme de la mer chérissait les gras herbages encadrés de haies vives. La Normandie entend ne céder à personne ce grand Normand.

Grand Normand et grand Français, s'il en fut jamais ! Voilà une statue dont l'inauguration pourra se célébrer dans un esprit parfait de communion. Nous ne croyons pas qu'il soit possible de conspuer personne pour honorer cette haute et pure gloire. Tout au plus sera-t-il licite d'adresser quelques paroles amères aux Marocains. Tourville fut la terreur des Barbaresques. L'heure est favorable à l'exaltation de son souvenir.

Ces héros de la vieille marine poétique méritent toutes les adorations. Tourville est peut-être le plus complet de tous et le plus magnifiquement simple. Il n'y a pas une tache dans cette vie. Sa biographie exigerait un chartiste doublé d'un poète ; à vrai dire, elle n'est pas écrite encore. Jusqu'en ces dernières années, on a dû se contenter des *Mémoires* apocryphes publiés au xviiie siècle par l'abbé Magron, un assez fade roman dans le goût galant d'Amsterdam. M. Delarbre, trésorier général des Invalides de la marine, nous a donné un excellent livre, avec pièces justificatives, qui satisfait l'esprit, et c'est beaucoup déjà. Mais l'épopée de cette existence héroïque attend toujours son chanteur. On sait que le ton épique est sévèrement interdit à nos jeunes historiens ; une austère discipline les protège contre le péché de littérature.

Les « Enfances Tourville » demanderaient un Alexandre Dumas documenté. On dirait un conte pour les veillées des gens de mer. Le petit gentilhomme portait, depuis l'âge de quatorze ans, la croix blanche à huit pointes. Ce cadet devait être chevalier de Malte. Aux environs de sa vingtième année, on l'embarqua sur une galère de la Religion. Il était tout rose et tout blond, avec l'air d'une jolie demoiselle déguisée en corsaire. Les gabiers parlaient de le renvoyer aux chambres des dames. Il prit une hache et tapa sur les Turcs. On jugea ce moinillon digne de changer de confrérie ; M. d'Hocquincourt en fit son lieutenant.

De son premier abordage à son dernier commandement, Tourville ne cesse de grandir. Le génie de la guerre maritime s'allie dans cette âme à la religion de l'obéissance. Louis XIV disait de son amiral du Levant : « Voilà l'homme qui m'a obéi à la Hogue. » Il disait cela sans remords, avec l'inconscience superbe d'un professionnel du commandement. Tourville avait prévu la défaite. L'ordre était de combattre quand même : il combattit. Les bureaux sont seuls responsables d'un désastre qui garde la beauté des victoires.

Tourville, depuis la mort de Seignelay, s'entendait mal avec les commis du secrétariat de la marine. Ce terrible manieur de haches était ménager de la vie des matelots. Il exigeait de bonnes munitions. Il se plaignait un jour que la poudre qui lui était expédiée ne portât point le boulet assez loin. Les bureaux lui firent une réponse sévère : « Que s'il ne trouvait pas aux boulets assez de portée, il n'avait qu'à se rapprocher plus près de l'ennemi. » Le rédacteur de cette instruction demeure inconnu.

Le roi accueillit noblement le fier vaincu des journées de la Hogue. « Monsieur l'amiral, lui dit-il, je suis très content de vous et de toute la marine. Nous avons été battus, mais vous avez acquis de la gloire et pour vous et pour la nation. Il nous en coûte quelques vaisseaux ; cela sera réparé l'année qui vient, et sûrement nous battrons les ennemis. » Le rapport de Tourville à Pontchartrain se terminait par cette phrase grandiose : « Je n'ai manqué que par une trop grande ponctualité des ordres contenus dans mes instructions et par le malheur des vents, qui, m'ayant retardé de mon côté, ont facilité en même temps la jonction des ennemis. » Il eût dédaigné de récriminer.

On le fit maréchal l'année suivante, le même jour que Catinat. Saint-Simon assistait à la remise des bâtons. Tourville a trouvé grâce devant ce féroce démolisseur de renommées. « La France perdit le plus grand homme de mer, de l'aveu des Anglais et des Hollandais, qui eût été depuis un siècle, et en même temps le plus modeste. Ce fut le maréchal de Tourville, qui n'avait pas encore soixante ans. Tourville possédait en perfection toutes les parties de la marine, depuis celle du charpentier jusqu'à celles d'un excellent amiral. Son équité, sa douceur, son flegme, sa politesse, la netteté de ses ordres, les signaux, et beaucoup d'autres détails particuliers très utiles qu'il avait imaginés, son arrangement, sa justesse, sa prévoyance, une grande sagesse aiguisée de la plus naturelle et de la plus tranquille valeur, tout contribuait à faire désirer de servir sous lui et d'y apprendre. »

Nous sommes certains qu'à Coutances les discours officiels seront éloquents à souhait. Il nous a même été permis de prendre connaissance d'un fort beau poème qui sera lu devant la statue. M. Maurice

Olivaint, président du Tribunal de Coutances, a chanté Tourville en poète de race. La page de Saint-Simon mériterait aussi les honneurs d'une lecture publique. On cite volontiers de lui les choses méchantes et cruelles. Il fut mauvais avec tant de génie qu'on oublie à quel point il était capable d'exceller dans la louange. Lorsque le modèle en était digne, le profond peintre se reposait de la manière noire.

Saint-Simon choyait chez Tourville le fils d'un vieil ami de son père. Il mettait au compte de sa famille la gloire de ce joli chevalier de Malte devenu vice-amiral de France et général des armées navales de Sa Majesté : « Il voyait mon père assidûment quand il était à Paris, et avec un respect qui lui faisait honneur. Je me souviens de la joie de mon père quand il fut maréchal de France et de celle qu'il témoigna en l'embrassant. »

Le plus brave des marins de l'ancienne France était un brave homme. Saint-Simon l'affirme. Il faut le croire sur parole lorsqu'il dit du bien de quelqu'un. Tourville lui avait gagné le cœur. « Avec moi, tout jeune que j'étais, ce maréchal me voyait, et en toutes occasions et en tous lieux affectait pour moi une déférence qui m'embarrassait souvent. »

Et dans son incommensurable orgueil, Saint-Simon ajoute ingénument : « Ce n'est pas pour lui une petite louange. »

———

... L'auto stoppe : le chauffeur a soif, et il y a des chapiteaux romans à voir dans l'église. Nous troublons de tous les bruits de notre halte la paix d'un dimanche villageois. C'est un gracieux bourg du Cotentin, au sommet d'une colline parée du velours vert des herbages. La grande place est blanche de soleil ; une fontaine en occupe le centre, la plus modestement rurale des fontaines, avec un engin hydraulique d'un style innommable. Cette pompe s'appuie à une pyramide, que surmonte un vague objet mystérieux. Un de nous parvient à découvrir qu'il y eut là jadis le simulacre d'une tête humaine. A quel souvenir était consacré cet hermès campagnard ? On distingue à peu près la forme de ce qui fut un buste masculin, mais de quelle époque et de quel travail ? Tout modelé s'est effacé sous les bonnes pluies normandes. Un vestige de perruque nous révèle que ce dieu terme est postérieur aux croisades. Qui est-ce donc ? Ce rébus votif finit par nous intriguer. Une fillette aux cheveux pâles vient remplir son double seau. Les dames lui donnent du chocolat pour gagner sa confiance. On lui demande le nom du bonhomme de marbre. « Sais pas, mon bon m'sieu ! C'est saint... comment dire ? Un saint, quoi ! Sais plus quel saint !... »

Le problème devint angoissant. A quel saint nous vouer, pour identifier le pieux personnage moderne qui mérita d'être canonisé ici en effigie ? Un promeneur nous tire d'embarras, peut-être le clerc du notaire ; c'est un aimable indigène, dont les manières se ressentent encore du certificat d'études primaires. Ce lettré nous prodigue les renseignements ; il nous révèle que la borne-fontaine est couronnée d'un buste de saint... Evremond.

Nous sommes dans la commune natale de Charles de Saint-Denis, sieur d'Evremond ; cette masse amorphe représente le grand homme de la localité. Avec Bædeker, un peu de bonne volonté et beaucoup d'imagination, nous aurions pu deviner que c'était lui.

Charmant homme, qui n'abusa jamais de rien, et qui aujourd'hui encore se plaît à faire un usage modéré de la gloire. On ne lui reprochera point d'importuner la postérité. Il vécut plus de quatre-vingts ans, et toujours à flanc de coteau, à quelques mètres au-dessus des pensées vulgaires et un peu au-dessous du génie, pas le premier venu et point un grand homme. Sa petite compatriote qui vient puiser de l'eau sous son buste commet une innocente erreur en le prenant pour un saint ; ce fut quelque chose de moins et de mieux : tout à fait un sage.

Un sage très humain qui avait appris la sagesse à l'école de la folie. D'abord fringant et piaffeur, ainsi qu'il convenait d'être à un enseigne de cavalerie, issu de bonne race guerrière ; fine lance et fine langue, escrimeur de salle d'armes et de ruelle, maniant le propos railleur et la botte secrète avec une adresse magistrale, redouté des hommes et chéri des belles. Louis XIV le haïssait et Ninon l'a aimé. Les circonstances firent de ce curieux hardi sinon un révolutionnaire, du moins un homme d'opposition. Une lettre du sieur de Saint-Evremond, confisquée par la police de Colbert, critiquait la paix des Pyrénées ; c'en était assez, même après la mort de Mazarin, pour encourir la disgrâce royale. Que reprochait Saint-Evremond à la politique du roi de France ? D'avoir conclu la paix trop tôt, sans épuiser le succès, d'avoir négligé l'occasion de prendre les Flandres. Pas plus tard qu'hier, un maître historien reprenait cette critique à son compte et regrettait « cette plus grande France » que Louis XIV eût pu créer. Saint-Evremond avait le coup d'œil du politique et de l'avenir dans l'esprit. Chez le brillant officier philosophe, la colère royale a peut-être tué un homme d'État.

Cette âme libre eût été dépaysée dans les geôles magnifiques de Versailles. Condamnée à l'exil, elle s'en fit une habitude et une volupté. En un siècle de domestication universelle, Saint-Evremond incarna une vertu désapprise : l'indépendance.

Indépendant, il le fut absolument, mais sans fracas, sans rhétorique, sans pose et sans phrases. Il sut être un mécontent et un banni de bon goût.

La vie anglaise finit par lui plaire. Lorsque le roi se décida à lui pardonner, il préféra demeurer à Londres, avec ses livres, quelques amis de choix et la compagnie de cette Hortense Mancini, dont il s'était fait le chevalier. Tout en méditant sur les secrets de la grandeur romaine, il fila l'amour courtois aux pieds d'une dame mûre jusqu'à l'âge de quatre-vingt-six ans. Il perdit son adorée duchesse ; on disait qu'Hortense s'était empoisonnée en voyant sa propre fille lui être préférée par un amant. Cette mort tragique désespéra le bon vieillard ; il écrivit à un ami : « Assurément, elle disposait de ce que j'avais plus que moi-même. Les extrémités où elle s'est trouvée sont inconcevables. Elle a eu tant d'indifférence pour la vie qu'on aurait cru qu'elle n'était pas fâchée de la perdre. *Les Anglais, qui surpassent toutes les nations à mourir*, la doivent regarder avec jalousie. »

L'ancien railleur ne s'essaya plus qu'à bien finir. Peu à peu, cet ironiste avait connu le prix de l'indulgence et la beauté de la douceur. Il murmurait :

> Je perds le goût de la satire ;
> L'art de louer malignement
> Cède au secret pouvoir de dire
> Des vérités obligeamment.

Dire des vérités obligeamment, ce fut tout cet homme délicieux. Sainte-Beuve, qui adorait les renommées discrètes et les génies de demi-teinte, a dit de Saint-Evremond : « C'est un esprit de première qualité pour le bon sens et qui sait entrer dans toutes les grâces. » Si jamais la gentille commune de Saint-Denis-le-Gast voulait remplacer la borne-fontaine de sa grande place par un monument plus solennel, elle pourrait emprunter au critique des *Lundis* cette inscription lapidaire.

Mais quoi ! voyez-vous le monument de Saint-Evremond mis au concours ? Il se commettrait des excès de zèle. Des gens bien intentionnés se rencontreraient pour faire prédire la Révolution française au *patito* d'Hortense Mancini. Laissons les choses en l'état ; elles sont mieux ainsi. Ce terme défiguré par les pluies, dont il faut deviner le secret, n'est-ce pas vraiment l'image de ce défunt esprit de la vieille France, qui ne laisse de lui qu'un nom illustre et une œuvre oubliée ? Saint-Evremond n'aurait que faire d'une autre pompe, fût-elle expiatoire. « Le *vaste* est toujours un vice », disait-il prudemment.

… Mais voici l'auto qui remplit l'air de sa menaçante musique de départ. Le chauffeur est content ; il a identifié différents cidres. Et nous aussi, nous sommes heureux d'avoir salué un joli symbole en traversant le pays normand.

RÉPARATION A BÉRANGER

Il est rare que les membres du gouvernement soient lyriques, même pendant les vacances. Quelques-uns d'entre eux l'ont été abondamment ces jours derniers. Nous sommes loin de nous en plaindre. Nous avons vu d'abord le moins sentimental de nos ministres s'attendrir, en fort beau langage d'ailleurs, au souvenir de sa jeunesse et à la vue de son coin natal. Le même jour, à l'autre bout de la France, le chef de l'État rendait un peu de lustre aux grâces fanées de Béranger. C'est une bonne action, presque courageuse, que M. Fallières a accomplie là. Cette renommée, jadis triomphale, se prescrivait tout doucettement. Pour interrompre la prescription, il ne fallait rien de moins que le fait du prince. Notre président de la République vient d'exercer, à l'égard de Béranger, la plus précieuse de ses prérogatives : celle de faire grâce à un condamné. Protéger un poète contre l'ingratitude, c'est plus méritoire, et moins facile, que de dispenser un apache de l'échafaud. La mémoire de Béranger va-t-elle échapper au couperet de cette implacable guillotine invisible qui se nomme l'indifférence? Est-ce une commutation de peine? Il est à craindre que ce ne soit qu'un sursis.

Aimer Béranger! Comme ce sentiment semble loin de nous! Il serait intéressant, et navrant aussi, d'interroger sur la vente du chantre de Lisette la chambre syndicale de la librairie. L'œuvre du chansonnier tombera, l'an prochain, dans le domaine public; les éditeurs ne se disputeront guère l'héritage. Cinquante ans auront suffi pour ensevelir dans le silence un des bruits les plus retentissants qu'ait faits sur terre la voix d'un chanteur.

A vrai dire, la génération actuelle n'y est que pour très peu. Lorsque Béranger mourut, en 1857, il ne faisait plus depuis longtemps que se regarder mourir. Un tout autre idéal, profondément aristocratique, exaltait les poètes d'alors; le lyrisme savant et livresque se détournait avec dédain de la chanson. En politique, Béranger n'était plus le porte-voix d'aucun parti. Le bonapartisme victorieux boudait le barde de l'Oncle, qui était resté muet pour le neveu. Les républicains l'accusaient d'avoir stupéfié la conscience du peuple avec le narcotique de la légende. L'Église en voulait au libertin, la philosophie au bondieusard, les artistes du vers au rimeur lâché, les vieilles gens au bonnet rouge incorrigible, les jeunes au vaincu résigné, les femmes au roquentin fourbu. Il eut néanmoins un bel enterrement. La Sûreté générale lui infligea des obsèques policières; on ne

put interdire à Paris la distraction d'une journée de
deuil. Dès le lendemain, l'oubli reprenait sa tâche
patiente.

Les délais de convenance à peine écoulés, ce fut
une explosion d'irrespect et comme une rageuse revanche de tous ceux que le bonhomme avait déçus.
On prit plaisir à disperser ses cendres. Les lettrés se
montrèrent implacables. Ceux qui ont connu personnellement Leconte de Lisle n'oublieront jamais
avec quel mépris tranquille ce terrible railleur parlait de l'amoureux de Frétillon. A ce nom, Gustave
Flaubert poussait des rugissements de fauve blessé.
Renan lui-même, si mesuré, si indulgent aux choses
qu'il aimait le moins, si soucieux de respecter tous
les cultes, ne fut iconoclaste que de cette seule idole.
Quant aux Parnassiens, il leur suffisait, pour dis-
qualifier une créature humaine, de la soupçonner de
« bérangérisme ». La bonne Mme Sand protestait
doucement : elle ne dut qu'au prestige de son sexe
d'échapper à de redoutables invectives.

Et pourtant, ce marchand de refrains, « ce néant »,
comme disait Leconte de Lisle, un Lamennais, un
Chateaubriand, un Lamartine, un Gœthe l'avaient
salué très bas. Dans un article daté de 1883, Sainte-
Beuve raconte ceci :

« Un jour, au printemps de 1827, Victor Hugo
aperçut dans le jardin du Luxembourg M. de Chateaubriand, alors retiré des affaires. L'illustre promeneur était debout, arrêté et comme absorbé devant
des enfants qui jouaient à tracer des figures sur le

sable d'une allée. Victor Hugo respecta cette contemplation silencieuse et se contenta d'interpréter de loin tous les rapprochements qui devaient naître, dans cette âme orageuse de René, entre les vanités des grandeurs parcourues et ces jeux d'enfants sur la poussière. En rentrant, il me raconta ce qu'il venait de voir et ajouta : « Si j'étais Béranger, je ferais de cela une chanson ! »

« Si j'étais Béranger ! » Cette formule, dans la bouche de Victor Hugo, donne à réfléchir. L'admiration de Béranger, au lendemain des journées de Juillet, avait l'importance et la catholicité d'une religion. Aucun poète, en aucun temps, n'a été connu, ni redit, ni chanté, ni loué à ce point, de son vivant. Proudhon résumait le sentiment national quand il écrivait cette phrase hasardeuse : « En fait d'art et de poésie, une pareille universalité d'admiration est décisive et dispense de tout autre argument. » Sainte-Beuve remarquait finement que cette célébrité sans égale aurait pu se passer de l'imprimerie. En réalité, elle s'en passait. La tradition orale suffisait à l'entretenir et à la multiplier. Seul parmi les modernes, Béranger a revécu le destin des vieux aèdes et connu une gloire plus large que celle des livres.

Et maintenant ?...

Il y avait, dans ce temps-là, une poésie portative à la disposition du public, un beau usuel, oserons-nous dire. Il y avait aussi des âmes de juste milieu pour s'en contenter. Le progrès des lumières est venu qui a vulgarisé le goût du rare. La candeur artistique est morte de honte. Il importe de considérer cela comme un grand bienfait. Tout récemment, à la suite d'un dîner dans le monde du commerce parisien, nous avons eu la bonne fortune d'applaudir la demoiselle de la maison. Il y a cinquante ans, cette vierge du tiers-état aurait chanté quelque chose de Loïsa Puget : elle nous a dit la mort d'Yseult. Pendant le repas, on n'avait parlé que de Nietzsche. Que voulez-vous ? cela prouve qu'il n'y a plus d'humanité moyenne. Il serait impertinent et oligarchique de regretter cet idéal intermédiaire qui se tenait à égale distance de l'extase et de « Viens, poupoule ! » Le monde marche.

En marchant, il a semé Béranger sur la route. N'étant ni du beuglant ni du Walhalla, ce militariste, qui chantait le bon Dieu et la Vénus ancillaire, nous apparaît comme un génie dépourvu d'utilité sociale. C'est une puissance spirituelle désaffectée.

Qu'il serait donc amusant et triste à la fois d'étudier les raisons de tant d'opprobre après tant d'enthousiasme, dans un livre qui pourrait s'appeler *Histoire d'une gloire !*

OCTAVE GRÉARD

L'ancienne histoire offre aux âmes angoissées des raisons d'espérance et des modèles de conduite meilleure. Il n'est pas besoin de remonter très haut dans le temps pour trouver ce refuge moral. Notre hier semble déjà de l'autrefois. Nous terminons la lecture d'un livre qui nous parle d'un homme dont le souvenir est vivant encore, et nous croyons avoir fait halte dans un passé infiniment lointain.

Gréard, un moraliste éducateur, par Mlle Bourgain. C'est l'image, pieusement fidèle, d'un grand contemporain, tout voisin de nous. On dirait pourtant un de ces portraits d'aïeul qui témoignent d'idées, de passions et de vertus oubliées. La couleur est à peine séchée sur la toile et déjà cet on ne sait quoi la recouvre qui donne tant de noblesse triste aux effigies d'ancêtres. Est-ce un Rigaud ou un Largillière que nous avons sous les yeux ? Nous pourrions reculer encore l'illusion. Quelque chose de Philippe de Champagne palpite dans ce portrait, dont le modèle vivait, hier encore, de notre vie familière.

Mais quel sujet pour une œuvre d'art, sincère et simple, et qu'il est facile à l'imagier d'atteindre au style en copiant son modèle trait pour trait ! En le peignant de mémoire, on parvient à le faire ressemblant, tant le type s'est fixé au plus profond du souvenir. Il y avait de l'inoubliable dans l'aimable et sévère figure de ce magnifique fonctionnaire qu'un bon juge des beautés morales, Jules Ferry, appelait « le grand fauteur du bien ».

A-t-il été jamais fait une caricature d'Octave Gréard ? Il semble qu'essayer de le ridiculiser, même innocemment, eût été une impossible gageure. Certains êtres d'élite défient l'ironie. Il est des passants qu'on salue d'un geste machinal et rituel. Quelqu'un qu'aucune insolence ne pouvait tutoyer, tel était Gréard. « Sais-tu qui est ce monsieur ? » pouvait-on demander à Gavroche. « Ma foi, non ! eût-il répondu. Mais, c'est drôle ! j'ai enlevé ma casquette sans savoir pourquoi. »

Effronté et généreux gamin de la rue parisienne, tu saluais d'instinct un des hommes du siècle qui aient fait le plus et le mieux pour toi ! Ce passant grave et pressé, qui marchait si vite, n'a jamais cessé de s'occuper de ton bonheur. Ne crois pas que ce fût un député. C'était un singulier homme, qui ne promettait rien, un réformateur sans programme ; il n'a jamais dit, ni à toi, ni à ton papa, ni à ton grand-père qu'il avait l'âge d'or dans sa poche. Il n'avait rien dans les poches, ni dans les mains ; il ignorait cette physique amusante dont les tours

amusent les badauds. Autour de lui, on ne faisait
pas cercle ; il était incapable de tourner un boniment
séducteur. Il allait, tous les matins, à son bureau,
et il restait jusqu'au soir à signer des papiers sans
nombre. De quoi donc s'occupait-il tout le jour ? De
faire de toi un bon et brave petit Français, bien
armé pour la bataille de l'existence, un être libre et
raisonnable, digne de comprendre la beauté d'obéir.
Il se vouait à ton service, en faisant le geste de te
commander. Il rêvait de te donner une âme à la fois
affranchie et disciplinée.

C'était un bourgeois. Quand les bourgeois de cette
espèce-là s'avisent de servir le peuple, ils valent une
armée de tribuns. Il y·avait plus de ferveur démocratique dans une circulaire de ce monsieur en redingote que dans vingt discours de la Bourse du travail.
Sais-tu, Gavroche, pourquoi, lorsqu'il se hâtait, en
rasant les murs, ce passant semblait distrait et absent ?
Il écoutait le bruit que faisait l'avenir au fond de son
rêve. « Le conteur des *Mille et une Nuits,* disait
Gréard, se vantait d'entendre sous la terre le bruissement de la semence en travail. C'est ce travail
obscur, tout intérieur, auquel un bon maître doit
prêter l'oreille. »

Cette promesse, il l'écoutait bruire de sa fine
oreille de semeur de bien ! Il croyait de toute son
âme à la moisson future. Les orages passagers, les
gelées d'avril, les coups de grêle ne lui enlevaient
rien de sa confiance. Lorsqu'il est mort, en plein
travail, le ciel se chargeait de gros nuages noirs.

Tout à coup, le temps s'était chagriné. Il est parti avant l'averse. Il serait resté dehors, à se mouiller bravement, certain d'avance que l'éclaircie reviendrait. Ces volontés-là ignoraient les espoirs fous et les crises de désespérance.

Le moment est singulièrement propice à l'évocation de ce « moraliste éducateur », et à l'heure où il paraît, le livre de Mlle Bourgain prend l'importance d'un *sursum corda*. Relire la vie de Gréard, c'est se préserver du découragement, c'est se guérir du mal du doute. C'est rapprendre la langue du commandement et celle de l'obéissance. Élever l'enfance, voilà l'œuvre à laquelle cette vie fut consacrée. « Élever » et non point abaisser, comme osent le tenter ces échappés de congrès farceurs, pour qui sonne déjà l'heure du silence. Gréard n'a pas vu son chef-d'œuvre, l'école française, menacé par une poignée de braillards sinistres. Nous l'imaginons, commentant, dans le grand cabinet de la rue de Grenelle, certains vœux des récents syndicats. Le ministre l'écoute, un peu anxieux, mais sans fièvre. Celui qui est assis là, entre le buste de Victor Duruy et le portrait de Fontanes, est un robuste et patient montagnard, qui ne se fâche jamais inutilement. « Alors, monsieur le recteur, dit-il de sa bonne voix tranquille, si je comprends bien, ce que demandent ces gaillards-là, c'est un personnel sans chef, des droits sans devoirs, et un peuple sans patrie ! Eh bien, nous allons les servir !... » Et Gréard passe à son ministre un rapport revêtu de sa petite griffe élégante de scribe soigneux. Jules Ferry trace dans la marge quelques lignes d'instructions concises. Après quoi il se renverse dans son fauteuil. « Nous ne laisserons pas, murmure-t-il, déshonorer notre œuvre par ces gens-là. » M. le recteur, d'un geste solennel, insère le document dans sa vaste poche. Il prend congé en toute déférence. « Vous n'ignorez pas, monsieur le ministre, dit-il en se retirant, que vous serez interpellé demain par M. Un Tel. » Et Jules Ferry de répondre : « Parbleu ! je l'espère bien ! »

LES DAMES SAVANTES

En nommant Mme Curie chargée de cours à la faculté des sciences, le ministre et l'Université démontrent heureusement qu'il ne subsiste plus rien du vieil esprit « sorbonagre, sorbonicole et sorboniforme » dont s'indignait maître François Rabelais. Il y a quelques années encore, cette nomination aurait passé pour une étrangeté téméraire. Le monde marche, et la Sorbonne avec lui. Le savoir n'a plus de sexe, et ce sont les savants qui le proclament. Saluons dans l'histoire de la civilisation un nouveau chapitre.

Est-il si nouveau ?

Nous ignorons où est le sarcophage de Christine de Pisan et si même elle possède un tombeau. Il serait touchant de voir Mme Curie déposer une gerbe de fleurs sur la dalle qui recouvre les restes de cette femme d'autrefois. Les cendres de la bonne Christine ont dû tressaillir d'aise à la nouvelle qu'une dame de France recevait le laurier doctoral. Ce fut la bienheureuse patronne des femmes qui pensent.

Le sexe fort ne lui doit pas moins : elle a inventé l'industrie qui permet aux écrivains de vivre de leur plume. Nous devrions avoir son image dans les salles de rédaction : c'est la sainte de la Copie. Nous lisons peu Christine de Pisan, pour beaucoup de raisons, dont les meilleures sont que nous sommes ignorants, pressés, frivoles et ingrats. Par bonheur pour nous, de patients maîtres, M. Robineau, M. Petit de Julleville, ont pris la peine et goûté le plaisir de la lire. Ce que nous savons par eux de sa vie est d'une adorable beauté morale.

Son père, médecin et astrologue de Charles V, le roi des clercs, la fit instruire dans tous les arts. « Il n'opinait pas que les femmes fussent pires pour apprendre. » Belle et sachante, elle aima d'amour son époux, qui était un brave homme de notaire, « secrétaire du roi à bourses et à gages ». Il mourut jeune, la laissant veuve à vingt-cinq ans. « Nourrie en délices et mignotemens », elle connut la gêne. Elle avait trois enfants et sa mère à sa charge, en même temps qu'il lui fallait soutenir plusieurs procès, solliciter chez les gens de chicane et les officiers. Elle imagina de faire des vers pour donner la becquée à son nid. Les ballades et les virelais d'amour étaient à la mode. Bien que chaste, elle en composa tant qu'on voulut, sous ses voiles de veuve. Les « courtoisies » de cette poétesse plurent par leur air de volupté. En l'entendant si exactement parler d'amour, on l'accusa d'avoir étudié son sujet sur le vif. Elle dut expliquer que ces galants poèmes étaient fabriqués de chic, ou pour mieux dire, en empruntant son langage, « par couverture ». Un érudit du xviiie siècle, M. Boivin le cadet, a pris sa défense dans un mémoire lu à l'Académie des inscriptions : « Christine eut beaucoup à souffrir des mauvaises langues qui attaquèrent sa réputation ; mais elle fut d'ailleurs avantageusement récompensée par le succès de ses ouvrages. » Le bruit de ces succès monta jusqu'au trône ; un registre de la chambre des comptes, cité par l'honnête M. Boivin, témoigne que Christine reçut de Charles VI une gratification de deux cents livres. (Est-ce l'origine des bourses de voyage ?) — Peut-être était-il alors difficile de subsister en faisant des vers. Christine de Pisan se fit prosateur. Elle finit par vaincre ce qu'elle appelle « les navreures de mes adversitez ». On vivait. « Le repas estoit sobre comme il affiert à femme vefve. » Curieuse de toutes les choses du cœur et de toutes celles de l'esprit, Christine voulut être philosophe, historien, chroniqueur. Les gloires anciennes et les événements contemporains la passionnaient. Elle mourut heureuse, en apprenant les victoires de Jeanne d'Arc. Bonne patriote, elle refusa, pour rester Française, les offres de Henri d'Angleterre et du duc de Milan.

Mais celui de ses livres qu'il conviendrait de lire aujourd'hui, c'est le *Trésor de la Cité des Dames*. Nous y verrions comment il faut s'y prendre pour revendiquer les droits de la femme à l'empire de la science. Nous y connaîtrions aussi que le passé nous

fournit sur ce point d'illustres exemples. M. Briand,
en confiant une chaire à Mme Curie, ne fait que
reprendre une idée de Pythagore. Christine, qui
était documentée sur le Sage des Nombres, nous
apprendrait que les femmes étaient admises à l'école
de Cortone. Le philosophe distingua une de ses plus
studieuses auditrices, la belle Théano ; il l'épousa,
bien qu'il eût plus de soixante ans. Elle lui donna
des filles qui furent des pythagoriciennes accomplies
et qui répandirent la doctrine de leur père dans des
livres, encore inédits.

Nous trouverions cela, et bien d'autres choses encore, à travers les œuvres de Christine de Pisan. —
Un manuscrit de la Bibliothèque nationale nous
montre cette aïeule des doctes femmes assise dans
un joli studio ogival. Elle est coiffée d'un hennin à
grandes ailes et vêtue d'une robe à traîne, d'un beau
bleu d'enluminure. Le vieil imagier était si content
de ce bleu qu'il en a recouvert encore l'écritoire et
l'aiguière ; avec le doux blanc des coiffes, il a habillé
aussi un petit chien. On aime à penser que la paisible songeuse de cette miniature ajoute un chapitre
à la *Cité des Dames*. Lequel ? Celui peut-être où elle
exalte la vierge Novella, chargée de cours à l'université de Bologne. Cette fille de maître Jean d'An-
dré était si versée dans le droit canonique qu'elle
suppléait son père empêché. Elle eut Pétrarque pour
élève et lui expliqua les Décrétales. Le futur chantre
de Laure n'aimait pas la jurisprudence ; néanmoins
il venait aux leçons de Novella. Comme ce profes-

seur était belle à miracle, la municipalité de Bologne ne lui laissait faire son cours que derrière un rideau... L'arrêté ministériel, si unanimement approuvé, qui ouvre à Mme Curie la Sorbonne, a des précédents dans la prétendue barbarie du moyen âge. Et c'est notre vanité de modernes qui nous fait penser que nous innovons.

RAMBOUILLET

La date du 3o juillet 1906 marquera dans l'histoire du château de Rambouillet. Le conseil des Ministres a choisi ce jour et ce lieu pour abolir la peine de mort. A vrai dire, la commission du budget l'avait incité à cette mesure en traitant l'exécuteur des hautes œuvres comme un simple sous-préfet. N'ayant plus de crédits pour indemniser M. de Paris, le gouvernement s'est avisé que l'absence d'organe était l'indice de la disparition du besoin. Frappé de cette vérité d'ordre biologique, il a consenti à supprimer la peine de mort par voie budgétaire. Nous ne l'en blâmons pas. Puissent les révolutionnaires, tant Slaves qu'Espagnols, imiter cette mansuétude ! Le bourreau disparaît de nos mœurs. Voilà qui est bien. Peut-être les gens attachés aux vieilles mœurs parlementaires auraient-ils préféré qu'un aussi grand acte fût plus solennellement et plus franchement accompli. Ce n'est pas la première preuve, ce ne sera pas la dernière de l'omnipotence et de l'omniscience de la commission du budget. Les ministères se font de plus en plus philosophes. Rambouillet est décidément une hôtellerie pour abdications.

Ce château ne porte pas bonheur au pouvoir exécutif. François Ier y a inauguré la série noire. Il y vint mourir, après avoir traîné ses maux à Saint-Germain, à la Muette, à Villepreux, à Dampierre, à Limours. Il s'arrêta à Rambouillet, « à cause de son plaisir de chasse et volerie ». Le roi trépassa, après une agonie de trois semaines. Mme d'Étampes remplit la grosse tour de ses gémissements.

Napoléon fit à Rambouillet sa première halte sur la route de Sainte-Hélène. Il y vint coucher, le 29 juin, déguisé en bourgeois, sous la garde du général Becker. Les compagnons de l'empereur s'étonnèrent qu'il donnât l'ordre d'arrêter les berlines. Napoléon espérait encore. Le matin, il avait sollicité de la commission provisoire le commandement des troupes, au titre de général français. Plusieurs fois pendant la nuit, il envoya Gourgaud aux nouvelles sur la route de la Malmaison. Cette couchée lugubre, c'est l'adieu de Napoléon à son dernier rêve.

Quinze ans après, tandis que le duc d'Orléans distribuait des poignées de main à l'Hôtel de Ville, Charles X arrivait à Rambouillet, vers dix heures du soir. On remarqua que ses habits étaient couverts de poussière et son visage défiguré par les pleurs. Les autorités le reçurent aux flambeaux. Aux souhaits de bienvenue du maire, le pauvre Charles X, qui n'eut jamais le don du mot historique, répliqua en ces termes : « Eh bien, monsieur Delorme, vos

habitants sont-ils sages ? » Le maire répondit du
loyalisme rambolitain. Et le monarque fugitif conclut, sans excès d'amertume : « Ah ! pourquoi n'en
est-il pas ainsi partout ! » Ce vœu modeste ne fut pas
exaucé. L'installation de l'ancien roi près de Paris
inquiéta le lieutenant-général. La Fayette fut chargé
d'aller assiéger Rambouillet avec six mille hommes.
Le corps expéditionnaire se concentra aux Champs-
Élysées. Il faisait chaud, les Parisiens blaguèrent.
On cria : « A Rambouillet ! » par amour du bruit.
Les mylords, les cabriolets, les pataches furent réqui-
sitionnés. Toute une foule en bordée estivale suivit La
Fayette. Quand ces joyeux farceurs arrivèrent à Rambouillet, quelqu'un vint dire à Charles X : « Ils sont
soixante mille ! » C'était plus qu'il n'en fallait pour
décider à l'exil un souverain sans férocité.

Ces événements mélancoliques ont-ils hanté les
rêveries de nos ministres ? Il n'y paraît point. Après
avoir abdiqué une fois de plus entre les mains de la
commission du budget, ils ont fait un tour de jardin. Ce parc de Rambouillet, moins tragique que le
château, évoque d'espiègles souvenirs. Alors que le
domaine appartenait aux d'Angennes, la société précieuse, invitée par Catherine de Vivonne, venait y
faire les lendemains de la chambre bleue. L'incomparable Arthénice organisait sous les ombrages des
collations mythologiques et des pastorales dans le
goût de l'*Astrée*. Le bon Cospeau, évêque de Lisieux, y fut tenté discrètement. C'était un docte théologien, le premier sermonnaire qui ait consenti à ne

plus citer Quintilien dans les prônes et à le remplacer par les Pères. M. de Lisieux était pudique à ne
point oser regarder les dames. Tallemant des Réaux
nous apprend que la malicieuse marquise lui fit « une
galanterie à laquelle il ne s'attendait pas ». Elle le
mena perfidement dans des rochers, où soudain le
pieux évêque aperçut « on ne sait quoi de brillant ».
Julie et ses jeunes compagnes s'ébattaient sur la prai-
rie « effectivement vêtues en nymphes ». Tallemant,
avec sa langue de vipère, veut nous faire croire que
« le bonhomme en fut si charmé que depuis il ne
voyait jamais la marquise sans lui parler des roches
de Rambouillet ».

Il faut croire que ces ombres mutines ont donné
aux hôtes modernes de Rambouillet de vrais conseils
de nymphes. L'échafaud une fois supprimé, le gouvernement, passant à un sujet moins sévère, aurait
songé à empêcher les Français de se déchirer à propos de la question des décorations féminines. Ne
désespérons pas de voir ce conflit aboutir à un con-
cordat où pouvait mieux triompher le féminisme que
dans les bosquets qui virent la Julie de la *Guirlande*
et son irrésistible mère. Bénie soit Catherine de Vivonne ! Son fantôme conduit encore la politesse française. Mlle de Scudéry — aujourd'hui elle serait dé-
corée — termine son éloge de Cléomire par ces
mots, qui pour un gouvernement sont tout un programme : « Ses passions étaient soumises à la raison. » On a calomnié les « précieuses ».

LA STATUE DE BERNARDIN DE SAINT-PIERRE

De généreux souscripteurs étrangers vont nous faire cadeau d'une statue de Bernardin de Saint-Pierre. Elle prendra place dans ces jardins du Muséum, dont la gloire se meurt douloureusement. Les titres de Bernardin à recevoir cette hospitalité mélancolique sont des titres administratifs. Il fut pendant quelques mois « intendant du Jardin royal des Plantes et des cabinets d'histoire naturelle ».

L'histoire de cet avatar budgétaire du père de *Paul et Virginie* nous a été savamment et spirituellement racontée par M. Hamy. — Depuis la mort de Buffon, les choses allaient mal au Jardin du roi. Le successeur du grand naturaliste, un M. de la Billarderie, qui aimait les places, avait manqué d'autorité scientifique. Les savants désiraient tous la nomination de Daubenton. Terrier de Monciel venait d'être nommé ministre de l'Intérieur, après le renvoi de Roland. Ce ministre feuillant, qui resta trente-cinq jours aux affaires, ne fut guère gâté par le sort ; son passage au pouvoir n'est signalé que par l'envahissement des

Tuileries. Nous ne connaissons que cet incident de la carrière de Terrier de Monciel. Toutefois, le fait d'avoir nommé un des princes de la prose à une charge scientifique lui vaut une discrète immortalité. Ce ministre eut en outre cette originalité qu'il aimait à pourvoir ses protégés et qu'il procédait, dans les questions de personnel, avec une certaine précipitation. Il n'était ministre que depuis deux jours quand il casa Bernardin. C'était une « gaffe ». Si les « officiers du Jardin » avaient été syndiqués, ils auraient protesté et offert un banquet à Daubenton. Louis XVI accueillit favorablement le nouvel intendant : « J'ai lu vos ouvrages, lui dit-il. Ils sont d'un honnête homme et j'ai cru nommer en vous un digne successeur de Buffon. » Le pauvre Louis XVI prouva une fois de plus, en cette circonstance, qu'il n'avait pas le don du mot heureux. C'était encore une gaffe.

D'abord Bernardin de Saint-Pierre était-il à ce point un type d'honnêteté ? Sa moralité fut mélangée. La suavité qu'il introduisit dans le romanesque manque à sa vie. Il vécut en mendiant maussade et ingrat. Le doux rêveur se plaçait volontiers du côté du manche. Ainsi, voulant remercier Louis XVI de sa nomination, il n'attendit même pas la journée du 10 août pour faire enlever des portes du Jardin les fleurs de lis de l'écusson royal. Ensuite il était l'homme du monde le moins qualifié pour remplacer Buffon. Il n'entendait rien à la science et détestait les savants, qui le lui rendaient de leur mieux. Que pouvait bien penser Lamarck d'un intendant des cabinets d'histoire naturelle capable d'affirmer ces poétiques énormités : que la Providence a doté la citrouille de plusieurs côtes « pour qu'elle soit mangée en famille », ou encore que la vache possède quatre mamelles afin que les deux qui paraissent superflues soient « les nourrices du genre humain ? » Enfin le souvenir de son glorieux prédécesseur à l'intendance ne rappelait à Bernardin rien d'agréable. Le soir de la lecture de *Paul et Virginie* chez Mme Necker, M. de Buffon, qui trouvait cette anecdote puérile et d'un style téméraire, avait fait demander ses chevaux avant la fin. Après avoir été successivement officier, ingénieur, inventeur, colon, et beaucoup d'autres choses encore, le nouvel intendant du Jardin s'était résigné à être surtout un homme de lettres. En littérature comme en biologie, il était d'une autre école que M. de Buffon et peu enclin au pardon des injures. Reconnaissons, pour être justes, que Louis XVI n'était pas obligé de savoir tout cela.

Lorsque Bernardin vint s'installer au Jardin royal, ses subordonnés l'accueillirent fraîchement. Mais ce diable d'homme avait tant roulé à travers le monde qu'il était capable de tout, même de faire son devoir. Ce fut, au témoignage de M. Hamy, un administrateur très acceptable. Il signalait le délabrement des bâtiments ; il demandait des crédits pour les reconstruire ; il en demandait ausssi pour son appartement. Il signalait à Roland, redevenu ministre, les dangereuses fantaisies des promeneurs. Le populaire s'abandonnait sans retenue aux premières ivresses de la liberté. « Des agitateurs persuadent au peuple que, le Jardin appartenant à la nation, toute la nation a le droit d'y cueillir des plantes. Le jour de la Toussaint, une troupe considérable d'hommes et de femmes ont pillé les fleurs, en menaçant de maltraiter les garde-bosquets qui voulaient s'y opposer. » Bernardin réclamait des gardiens supplémentaires et un peuple vertueux.

Et tout cela pour être destitué ! La Convention fit d'ailleurs galamment les choses. Elle vota au dernier fonctionnaire nommé par Capet une pénsion rondelette, qu'il alla manger dans son île d'Essonnes, auprès de sa gentille petite femme de vingt-deux ans. L'heureux époux dorloté de Félicité Didot traversa la Terreur en arrosant ses concombres et ses haricots.

Les bâtiments du Muséum ont toujours besoin de crédits. Ils feront donc bon accueil à leur ancien administrateur. Espérons que l'inauguration de la nouvelle statue de Bernardin de Saint-Pierre aura plus d'éclat que la cérémonie du Havre, au mois d'août 1852. On célébra alors, le même jour, deux gloires « de la Neustrie » : Bernardin et Casimir Delavigne. Mais l'auteur des monuments manquait à la fête. David d'Angers, compris dans les proscriptions du mois de décembre précédent, vivait à Bruxelles. Bien qu'il eût payé de ses deniers la fonte des deux bronzes, on n'envoya même pas une invitation à sa femme ; il était, à ce moment, dangereux d'être poli. L'Académie française avait délégué pour la représenter MM. de Salvandy et Ancelot, avec son chancelier Alfred de Musset. Salvandy tomba malade et ne put venir. Musset se tira d'embarras en lisant un petit papier, bâclé et pas méchant, pour expliquer qu'il n'avait pas eu le temps de préparer un discours. Mais fort heureusement, M. Ancelot était là. Lui aussi, M. Ancelot, était « de la Neustrie». Il lut « un poème dithyrambique ». Le début en est animé :

> Où va cette foule empressée
> Désertant son foyer, ses comptoirs, ses sillons !

M. Ancelot goûtait le déisme audacieux des *Études de la Nature* ; il partageait les théories de Bernardin sur les causes finales.

> Du rêveur la pensée austère,
> Dans l'œuvre admirant l'ouvrier,
> Voit ce Dieu dont la loi féconde
> Fait naître et cache tout un monde
> Sous l'humble feuille du fraisier.

C'était ainsi que M. Ancelot concevait la botanique et le dithyrambe.

Alfred de Musset a dû s'amuser.

JENNY LIND

Le musicien Otto Goldschmidt, qui vient de mourir à Londres, mérite assurément un souvenir pour ses talents de pianiste et de compositeur. Mais un jour viendra peut-être où son oratorio, *Ruth,* connaîtra l'oubli. A défaut du musicien, l'homme jouira de l'immortalité paisible des dictionnaires pour avoir été le prince consort d'une divinité de théâtre. Goldschmidt s'impose à l'admiration, en qualité d'époux de Jenny Lind.

Ce simple mortel survivait depuis vingt ans à une créature de légende. La mémoire de Jenny Lind se perd dans les lointains de la chronique. Goldschmidt laisse-t-il des notes qui puissent servir à écrire une biographie définitive de cette cantatrice fabuleuse ? Il faut le souhaiter, car la vie de Jenny Lind eut la fantaisie d'un roman picaresque et l'ampleur d'une épopée théâtreuse.

Aucun livre français ne nous renseigne sur cette merveilleuse aventure. Le silence de notre littérature s'explique aisément. A vrai dire, ce n'étaient pas là nos affaires. Entre mille étrangetés, Jenny posséda celle de devenir célèbre sans le baptême du succès parisien. Après avoir chanté *Freischütz* à Stockholm, elle vint un instant chez nous, pour recevoir l'enseignement de Garcia. On a imprimé, un peu partout, qu'elle avait débuté à l'Opéra et que, furieuse d'un échec, elle aurait fui Paris sans esprit de retour. Cette tradition séduisait par son romanesque héroïque. Elle nous permettait d'acuser nos grands-pères de béotisme, ce qui flatte toujours une postérité dans son orgueil. Les hagiographes anglais et allemands, aussi abondants qu'instructifs, lavent la France de cet opprobre. Jenny Lind n'a jamais chanté sur la scène de l'Opéra. Meyerbeer demanda pour elle à Léon Pillet une audition, qui resta intime. Les pourparlers n'aboutirent point. Pourquoi ? La voix du « rossignol scandinave » parut-elle trop fragile pour notre Opéra, qui, d'après les témoignages contemporains, était déjà trop grand ? Meyerbeer lui-même conseilla à sa protégée de partir pour Berlin. Le rossignol émigra sous les Tilleuls. Cette catastrophe passa d'abord inaperçue. Plus tard, elle vint grossir, à titre de grief complémentaire, le dossier de Léon Pillet. Sous le roi Louis-Philippe, les directeurs des scènes subventionnées étaient en butte aux sévérités de la presse. Les personnalités des belles chanteuses bouleversaient l'opinion sous Louis-Philippe. On insinua que l'engagement de Jenny Lind eût porté ombrage à la souveraineté de Rosine Stoltz. Pillet dut écrire toute

une brochure pour se justifier. C'était un homme
atrabilaire et prompt au contentieux. Il plaidait avec
délices, tandis que des journalistes cruels lui faisaient
une guerre acharnée. Sous le régime de Juillet, toutes
les fois qu'un directeur de théâtre cessait de plaire,
ses adversaires le menaçaient des députés.

La *France musicale* disait, avec une prophétique
éloquence : « Que devient l'Opéra ? Les Chambres
vont être saisies de cette importante question. Les
membres de la représentation nationale seront en
mesure de faire connaître exactement au pays l'emploi que l'on fait à l'Opéra de l'argent des contri-
buables ! » Telle était la fureur des passions sous le
roi-citoyen.

N'essayons point de pénétrer les raisons, bonnes
ou mauvaises, avouables ou perverses, pour lesquelles Léon Pillet refusa d'engager Jenny Lind.
C'est le secret de l'histoire. Aussi bien, ce Pillet
tourna mal ; il entra dans les consulats. Quant à
Jenny, elle devint l'idole de l'Allemagne, de l'Angleterre et du Nouveau-Monde.

Un homme se rencontra pour la venger des dé-
dains injustes de l'impresario parisien. Philéas
Barnum avait du génie. Trois de ses campagnes suf-
firaient à l'immortaliser. Il exhiba aux peuples de
l'Union une négresse centenaire, en qui la piété
américaine se plut à vénérer une vague nourrice de
Washington. Il inventa le général Tom Pouce.
Avec Jenny Lind, il fonda la tradition des étoiles
voyageuses.

Depuis la tournée de Bacchus dans l'Inde, l'humanité n'avait rien vu de comparable au voyage de la cantatrice suédoise aux États-Unis. Berlioz, qui eut plusieurs manières de génie, hors l'indulgence naïve, nous a conservé, dans les *Soirées de l'Orchestre*, le récit de cette marche triomphale. Les journaux aux gages de Barnum se signalèrent par un lyrisme audacieux. Lorsque l'adorée cantatrice débarqua à New-York, un tel tumulte joyeux se produisit dans la foule que beaucoup de personnes périrent écrasées. L'historien américain ajoute cette remarque, d'une simplicité grandiose : « *Les survivants* suffisaient encore pour empêcher les chevaux d'avancer. » Le cocher leva son fouet, mais Jenny s'écria : « Ne frappez pas, ce sont mes amis ! » Et le narrateur, pris de délire, commente ainsi ces paroles : « On ne sait ce qu'il faut admirer le plus dans cette phrase mémorable, de l'élan du cœur qui en a suggéré la pensée, ou du génie qui a revêtu cette pensée d'une forme si belle et si poétique. » On fit à l'héroïne les honneurs du muséum de New-York : elle daigna sourire à un cacatoès et à un orang-outang. Cependant des vierges vêtues de blanc semaient sous ses pas des jonchées de fleurs. Nous nous reprocherions d'omettre ce verset de l'évangile selon saint Philéas : « A sa sortie du muséum, une scène frappante et d'un genre tout neuf attendrit la célèbre promeneuse. Les dauphins, les baleines, qui depuis plus de huit cents lieues avaient pris part au triomphe de cette Galathée nouvelle et suivi son navire en lançant par leurs évents des gerbes d'eau de senteur, s'agitaient convulsivement dans le port, en proie au désespoir de ne pouvoir l'accompagner encore à terre. Des veaux marins versaient de grosses larmes. »

Force fut bien aux veaux marins de se faire une raison : cette débauche de gloire dura plus d'une année. Une dame de race latine, soumise à ce régime spirituel, serait infailliblement devenue aliénée. Jenny Lind échappa à la pachyméningite disséminée : les oiseaux du nord ont la tête solide. Elle gagna huit cent mille francs et en donna cinq cent mille à la Suède pour fonder des écoles. Après quoi, elle épousa tranquillement le charmant pianiste de Hambourg avec qui elle se souvenait d'avoir dansé en un bal de Noël. Elle ne vécut plus que pour la bienfaisance, l'art pur et l'amour permis. On songe à l'adorable phrase qui termine le vieux conte de Perrault : « Le chat, devenu grand seigneur, ne courut plus après les souris que pour se divertir. » Un journal de Philadelphie nous emprunta notre idiome pour rendre hommage, dans une forme moins heureuse, aux vertus domestiques de la fée de la Réclame : « Elle a vu à ses pieds des princes et des archevêques *et n'a pas voulu l'être !* »

Vous ne voudriez pas qu'Otto Goldschmidt eût trépassé sans laisser des Mémoires. On ne nous dit point si le gouvernement anglais a songé à faire poser les scellés chez l'illustre veuf.

LES MORTS DE PAVIE

En travaillant à San-Patrizio, faubourg de Pavie, des terrassiers viennent de découvrir soixante-dix squelettes rangés dans une tranchée. D'après l'examen des armes trouvées avec les ossements, ces squelettes seraient ceux de soldats français, morts au champ d'honneur, dans la journée du 24 février 1525. Ce n'est, dira-t-on, qu'un fait divers. Soit. Mais si j'avais l'honneur d'être maître d'école, je ferais, à cette occasion, un petit bout de conférence à mes élèves. On ne peut pas, tous les jours, entretenir l'enfance de la lutte des classes. Les vieilles luttes de la patrie conservent, malgré tout, quelque vertu éducative et quelque intérêt.

S'il y a dans notre histoire quelque chose d'absolument français, dans tous les sens du mot, d'absurde et d'héroïque à la fois, c'est bien ce désastre magnanime. Pavie reste une défaite populaire. Ce souvenir ne nous amoindrit pas. Nous y trouverions encore, avec des raisons de porter haut la tête, certains conseils de conduite pratique.

Fière aventure démente, et bien signée de notre nom ! Tout d'abord, sans que l'on comprenne pourquoi, nous perdons deux mois devant la place, laissant dans l'inaction nos troupes mal payées et mal pourvues. Les assiégeants souffrent plus que les assiégés, les nôtres se meurent de froid, les seigneurs sont réduits « à se aller chauffer à la cuysine royale ».

A cela près, nul, dans l'armée française, ne doute de la victoire définitive. Nous avions pour chef un gros garçon étourdi ; le capitaine des Impériaux était plein d'expérience et de sang-froid. Lorsque l'action s'engagea, François Ier songea uniquement à montrer son dédain des coups et sa rage de combattre « à belles enseignes découvertes ». Il s'en fut si vite vers l'ennemi que les fantassins ne purent le suivre. Les Suisses se débandèrent et le roi se trouva isolé. Aussitôt il tira l'épée et fit des merveilles d'inutile bravoure. Il vécut alors la plus belle heure de sa vie de chevalier, le tournoi de ses rêves. Ceux de l'armée impériale se gourmaient entre eux à qui saisirait vivante la proie royale. François refusa de se rendre aux gens de Bourbon. A la fin, blessé au bras, demeuré presque seul, il remit son épée au vice-roi de Naples. « Lors luy fut osté son armet et baillé ung bounet de velours, affin qu'il se recommensast à reprendre son allaine. »

Sébastien Moreau ajoute, dans sa *Relation*, que les chevaliers ennemis criaient au roi : « Sire, vous voyez bien que vous n'avez poinct de suicte et que

vos gens s'enfuyent et vostre armée deffaicte. » Tous
les témoignages contemporains affirment en effet
qu'il y eut des fuyards. — De l'épopée et de la pa-
nique, un commandement fou et la furie du sacrifice, ne rien prévoir, quitte à se faire tuer, voilà l'histoire que racontent à leurs petits-fils les soixante-dix
revenants de San-Patrizio...

« Et y eut grant occision d'un cousté et d'aultre »,
dit la *Chronique du roy François*. Bien peu avaient
lâché pied parmi les nôtres. Étions-nous déjà atteints
du mal singulier de nous calomnier nous-mêmes?
La tradition s'établit aussitôt que le premier prince
du sang, le beau-frère du roi, avait donné le signal
de la fuite. Charles d'Alençon eut une mauvaise
presse. Brantôme n'ose rien affirmer, mais on sent
qu'il accepte la honteuse légende. Il regrette que le
duc n'ait pas imité son aïeul, lequel, à Azincourt,
« se poussa si advant qu'il rua un grand coup d'épée
sur l'armet du roi d'Angleterre ». Le *Bourgeois de
Paris,* après avoir mentionné que Charles « mourut
à Lyon, sur le Rhône, de sa mort corporelle »,
ajoute assez perfidement : « On dit qu'il mourut
d'une pleurésie et d'ennuy, à cause de la desconfi-
ture et prinse du roy, où ledict duc qui y estoit
menoit l'arrière-garde. » La bourgeoisie parisienne a
toujours eu le léger travers d'expliquer les malheurs
par la félonie.

Tant il y a que ce pauvre duc a passé, pendant
près de quatre cents ans, pour un pleutre, au dire
des dictionnaires. Une allusion sévère à sa lâcheté

vous valait une bonne note dans les examens. Il lui
a fallu attendre les premières années du vingtième
siècle pour trouver un avocat qui se chargeât du
dossier de son affaire.

Un savant élève de l'École des chartes, M. Frédéric Duval, est parvenu à réhabiliter sa mémoire.
L'ancien soldat intrépide de Marignan ne s'est pas
couvert de honte à Pavie. D'Alençon, au commen-
cement de l'affaire, remporta un avantage sur les
Impériaux. Ce fut même cet heureux début qui fit
commettre au roi ses imprudences. Au moment de
la déroute, il aurait tenté de porter secours à François I\ :sup:. Sa prétendue fuite n'aurait été qu'une retraite savante. Il sauva ainsi les débris de l'armée.

Les mânes de Charles d'Alençon doivent un joli
brin de cierge à l'École des chartes. La réputation
de ce duc revient de loin. Sans M. Frédéric Duval,
où serait-elle? Ne dites pas que cela vous est égal.
Songez, je vous prie, à Marguerite d'Angoulême.
Avouez qu'il serait infiniment triste que la Dame de
Bonté eût été la veuve d'un lâche. Les historiens frivoles prétendaient que la Marguerite des Marguerites
avait reçu fort mal le fuyard et qu'il en serait mort
de vergogne. Étant sagace et réfléchissante, elle comprit, au contraire, ses raisons de prudent stratège.
Elle le consola. Il ne trépassa que de pleurésie. Elle
le pleura de tout son admirable cœur et lui fit des
vers. Le seul tort du mari de la meilleure des princesses françaises fut d'avoir, au cours de sa vie mortelle, préféré les plaisirs de la chasse à la poésie.

Ce n'était donc pas à un prince du sang, mais sans doute à des soudoyés étrangers, canaille mercenaire, que frère Jean faisait allusion, alors qu'il s'écriait, au souper de Grandgousier : « Hon ! que je ne suis roy de France pour quatre-vingts ou cent ans ! Par Dieu, je vous mettrois en chien courtaut les fuyars de Pavie. Leur fièvre quartaine ! Pourquoi ne mouroient-ilz là plus tost que laisser leur bon prince en ceste nécessité ? N'est-il meilleur et plus honorable mourir vertueusement bataillant que vivre fuyant villainement ? »

Ces lignes trahissent chez Rabelais de vagues tendances militaristes. N'allez pas le dire à la Confédération générale du travail.

LE MARQUIS DE RACAN

C'est la Touraine qui manifeste aujourd'hui. Les compatriotes de Racan ont organisé un meeting rustique en son honneur. Après avoir couronné le buste du poète, ils se sont portés vers le château de la Roche. Aucun cri séditieux n'a été poussé. Tout permet d'espérer que la journée s'achèvera sans troubles. Fortuné pays de la verte Loire, où le repos hebdomadaire se prend ainsi en toute innocence !

Nous envions les pèlerins du manoir de la Roche-Racan. Une heureuse chance a voulu que son propriétaire actuel fût un homme de goût. Il a été accordé à ce monument historique de traverser sans périr le danger mortel d'une restauration. En dépit de quelques embellissements discutables, la maison du poète conserve sa figure d'autrefois. Dans sa grâce souriante et fière, la douce seigneurie campagnarde est encore à l'image de son premier châtelain.

La jolie gloire discrète que celle de ce brave officier de cavalerie qui fit des Géorgiques de style

Louis XIII ! On éprouve parfois le besoin de se reposer du sublime. Certains génies modérés semblent avoir été créés pour les lendemains des grandes débauches de l'âme. Il est des œuvres où l'admiration vient faire une sorte de cure. Rien de plus rafraîchissant que l'intimité de Racan ; c'est comme une halte à mi-côte, avant l'escalade des sommets.

Le château, l'existence et le lyrisme d'Honorat du Bueil, marquis de Racan, sont situés à flanc de coteau. Quel bon compagnon devait être ce gentilhomme campagnard, un peu vain, un peu balourd, mais si inoffensif et d'une si attendrissante douceur ! Il semble bien que ses contemporains se soient plus d'une fois égayés à ses dépens. Les discoureurs des ruelles se moquaient de ses gaucheries de provincial et de son parler villageois. Les dames le traitaient sans complaisance. Ayant été page à la cour de Henri IV, il avait pu apprendre la galanterie à bonne école. Son tempérament de rural bien portant le rendait accessible aux tentations. La lecture de l'*Astrée* le convertit à l'amour précieux. Il aima d'abord d'une tendresse toute pastorale sa cousine, la comtesse de Moret. C'était presque un fonctionnaire retraité que cette dame : elle jouissait d'une pension, en qualité d'ancienne amie du roi défunt. Cloris, comme l'appelait Racan, fut frappée d'une injuste disgrâce de la nature : elle faillit devenir aveugle. « Mais, dit Tallemant, elle fut si bien soignée par un médecin célèbre, qui estoit fort son amy, qu'elle recouvra la vue d'un œil et se remit à faire l'amour tout de nouveau. » Cloris resta reine au royaume des borgnes. Racan chanta son œil unique :

> Son œil divin, dont j'adore la flamme,
> En tous endroits éclaire dans mon âme,
> Comme aux plus chauds climats éclaire le soleil.
> Et si l'injuste sort, aux beautés trop sévère,
> A fait mourir son frère,
> C'est que le ciel voulut qu'il n'eût point de pareil.

Et tout cela pour que Cloris allât porter à un autre marquis, qui s'exprimait en langue vulgaire, son cœur, sa personne et sa pension !

Racan ne fut pas mieux traité par Mme de Termes, dont il avait pourtant changé le nom périssable de Catherine en l'anagramme héroïque d'Arthénice. Il composa, pour l'attendrir, une pastorale de trois mille vers dans la manière du Tasse et de Guarini. Des deux yeux de cette seconde inhumaine, le pauvre marquis bucolique n'obtint pas un regard. Il espéra longtemps, avec la constance d'un berger de M. d'Urfé. Au bout de dix années d'amour courtois, il épousa, devant un curé de village, une jeune fille de Touraine qui ne jouait pas du théorbe. Après vingt ans de service militaire, il prit sa retraite avec le grade de lieutenant. Guéri des Arthénices et de la gloire guerrière, il alla faire, au pays natal, de l'agriculture et de la poésie.

Il ne quittait sa gentilhommière que pour venir à l'Académie. Tandis que sa femme tapissait des chasubles au petit point, il rimait des psaumes ou des bergeries. Il était poète, sans être homme de lettres, et pieux, selon l'esprit de François de Sales, sans être théologien. Comme on le pressait de se prononcer entre Jansénius et le molinisme, il répondait :

> Toutes ces doctrines nouvelles
> Ne plaisent qu'aux folles cervelles.
> Pour moi, comme une humble brebis,
> Je vais où mon pasteur me range ;
> Et n'ai jamais aimé le change
> Que des femmes et des habits.

Ce dernier aveu sent un peu l'ancien page du Vert-Galant. M. Louis Arnould, qui a tout dit sur Racan, nous révèle que, malgré d'Urfé et François de Sales, le religieux seigneur de la Roche a écrit deux poèmes polissons. Il a largement racheté ce péché par ses odes sacrées et ses traductions de la Bible. Il considérait comme un devoir de mettre la poésie biblique à la portée des esprits profanes. « Je n'ay point jugé, déclarait-il, de meilleur moyen pour rendre les psaumes agréables aux dames et aux personnes polies du beau monde que de les accommoder le plus que je pourray au temps présent. » Cette méthode l'entraîna à confondre la gloire de David avec celle du jeune roi Louis XIV. Il améliora ainsi le psaume 19, « jusques y avoir décrit l'artillerie, au lieu des chariots armés de faulx, dont David semble vouloir parler ». Ses confrères de l'Académie Ménage et Chapelain lui reprochaient « de s'éloigner du sens ». Racan revendiquait « la liberté d'ajouster, pour l'ornement ou pour lier les versets ». Il était narquois, avec « son air de fermier », et confit en finesse sous sa bonne grosse figure de soldat paysan.

Son très lettré et très érudit biographe, M. Arnould, a compté ses vers. Il y en a exactement seize mille huit cent quarante-deux. Ce n'est pas beaucoup pour un homme qui est mort à quatre-vingts ans et qui avait de la facilité. Dans le nombre, il y en a de parfaitement beaux, d'une large musique simple et de la plus touchante sincérité. Tout compté fait, ce bonhomme, un peu moqué de son vivant, et dont on sourit volontiers aujourd'hui, a été, de temps en temps, un vrai poète, naïvement ému. Il a chanté sa Touraine avec un son de voix qui n'était qu'à lui. Lorsqu'il ne « sonne pas du luth » dans les chambres des dames, il est délicieux. Plus d'un historien de la littérature l'assassine avec cette formule : « le meilleur élève de Malherbe ». Mais l'élève trouvait du beau, sans y prendre garde, en plantant ses choux. Le maître faisait exprès toujours.

———

HELVÉTIUS

Helvétius a-t-il eu raison d'écrire le livre *De l'Esprit?* Son dernier biographe, le très érudit et très lettré M. Albert Keim, n'hésite pas à répondre affirmativement à cette question, d'ailleurs frivole. Nos jeunes historiens psychologues excellent à ressusciter les morts illustres et à nous les rendre familiers. M. Keim métamorphose en ami intime d'Helvétius chacun des lecteurs du savant livre qu'il consacre à ce philosophe si mal jugé. Désormais, nous connaissons l'auteur de *De l'Esprit* comme si nous avions été des dîners de la rue Sainte-Anne et des chasses du domaine de Voré. M. Keim pense et démontre qu'Helvétius fut un noble et généreux manieur d'idées et l'un des précurseurs de la sociologie moderne. Quelques-uns d'entre nous en étaient restés à l'opinion de notre professeur de philosophie de 1870 ; cet excellent maître, d'un spiritualisme fougueux, perdait toute mansuétude le jour où les exigences du programme l'amenaient à commenter Helvétius. Il nous était donné, pendant deux heures, de voir le plus inoffensif des hommes s'abandonner, sans aucune mesure, au délire sacré de la réfutation.

C'était un beau spectacle, mais c'est aussi un rare plaisir que de suivre, argument par argument, le savant plaidoyer de défense développé par M. Albert Keim. L'avocat est si documenté, si chaleureux, si persuasif qu'on s'en rapporte à lui volontiers. Oui, il demeure établi qu'au point de vue des progrès de la sagesse humaine, il aurait été déplorable que le livre *De l'Esprit* n'eût pas été écrit. Il faut surtout admirer Helvétius d'avoir sacrifié son bonheur particulier à la félicité future de ses semblables. Rien ne l'obligeait à jouer sur la scène du monde le personnage dangereux du philosophe destructeur ; tout l'invitait à accepter l'univers comme tel et à se désintéresser de l'avenir.

Le présent le comblait de faveurs. C'était vraiment un enfant chéri du sort que ce jeune fermier général, riche, beau, galant, curieux, aimé des dames, qui savait danser et faire des vers. Mlle Gaussin le dévorait des yeux ; toutes les Muses n'avaient pour lui que des sourires. Il rimait des drôleries voluptueuses et M. de Voltaire daignait lui envoyer de Cirey des conseils sur l'art poétique. Le jeune financier-poète se laissait aller aux hardiesses de son âge ; par exemple, il osait, en vers, nommer l'araignée. Voltaire le gourmandait paternellement : « On peut peindre l'araignée, mais il ne faut pas la nommer. Rien n'est si beau que de ne pas appeler les choses par leur nom. » Que n'a-t-il suivi ce sage conseil ?

Des petits vers à la philosophie il n'y avait alors
qu'un pas à franchir. Helvétius s'avisa de se faire
penseur. On le vit renoncer en un jour aux trois cent.
mille livres de revenus de la ferme, à l'Opéra, aux
soupers coquins, aux soirées du Caveau, et comme il
disait, à cueillir les fleurs du plaisir, pour cultiver
les fruits de la raison. Il se maria, d'ailleurs, le plus
poétiquement du monde, avec une délicieuse jeune
fille qui n'avait pour biens que sa beauté de corps et
d'âme. C'était vraiment le plus charmant des bons
ménages ! Qu'il devait être amusant de dîner chez ces
gens-là ! Les réunions de l'hôtel de la rue Sainte-
Anne firent fureur dans le Paris littéraire. La cuisine
était incomparable ; le prince de Brunswick, à qui il
fut accordé d'y goûter, déclara qu'il n'avait jamais
fait un repas pareil. Autour d'une maîtresse de maison ravissante, des convives qui s'appelaient Marmontel, Saurin, Saint-Lambert, Grimm, Duclos,
quelquefois Diderot ! On préparait des petits plats
spéciaux au bonhomme Fontenelle. Le doux patriarche s'épanouissait dans ce milieu de jolie gourman-
dise et de fines causeries. Il payait son écot en apho-
rismes et en madrigaux ; il dansait avec la fillette de
la maison, âgée de dix-huit mois ; il disait à la charmante mère : « Ah ! si je n'avais que quatre-vingts
ans ! » ; il était adorablement gâteux.

Joignez à ce salon d'élégance achevée deux châ-
teaux, un dans la Brie, l'autre dans le Perche, un
peuple de vassaux contents de leur sort, des forêts,
des chasses, toute une domesticité, avec un chape-

lain sinécuriste qui se reposait de son ministère spirituel en chassant des canards. Et dites s'il n'a pas fallu qu'Helvétius fût un héros pour troquer cette vie inimitable contre les dangers de l'apostolat !

Imprudent héros s'il en fut jamais. Son tort ne fut pas de publier un système du monde : avoir une philosophie n'était, en somme, pour un millionnaire, qu'un sport de plus. Mais, indocile aux avis de Voltaire, l'auteur de *De l'Esprit,* téméraire comme un homme trop heureux, oublia que « rien n'est si beau que de ne pas nommer les choses par leur nom ». Il cassa les vitres. Ce fut un scandale inouï. Le moment était mal choisi pour payer d'audace. Après Rosbach et l'attentat de Damiens, le roi de France sentait le besoin d'une petite crise de dévotion. La reine, dont Helvétius était maître d'hôtel ordinaire, se voila la face ; la Sorbonne s'émut, le Parlement se fâcha, les jansénistes et les molinistes faillirent se réconcilier sur le dos de la philosophie. Cependant le gros in-quarto broché en bleu allait son dangereux chemin des bureaux de la police aux boudoirs des dames. La Harpe, alors élève de philosophie, se souvenait d'avoir vu l'abominable livre, au milieu de la poudre et des flacons, sur les toilettes de jolies personnes « qui en étaient d'autant plus enchantées qu'il n'y avait peut-être pas un seul mot de tout ce fatras métaphysique qu'elles fussent à portée d'entendre, excepté celui de sensibilité physique qui faisait passer tout le reste ».

Pendant quelques mois, l'existence du pauvre Hel-

vétius fut un enfer. Il lui fallut quitter ses terres, venir à Paris solliciter, se justifier, consoler sa mère,
supplier la reine, voir les parlementaires, intriguer,
s'aplatir. On lui fit signer une lamentable rétractation : « Je n'ai voulu attaquer aucune des vérités du
christianisme, que je professe sincèrement dans toute
la rigueur de ses dogmes et de sa morale, et auquel
je me fais gloire de soumettre toutes mes pensées. »
Il en fut quitte pour donner sa démission de maître
d'hôtel et pour voir brûler son livre.

M. Keim, en rendant ce récit très vivant, nous fait
aimer plus encore l'excellent et charmant homme, si
cruellement humilié. Les amis paraissent avoir été
tièdes. Les lettres d'Helvétius à sa femme sont les
confidences d'un abandonné. « Ah ! s'écrie-t-il, que
j'ai vu d'amis me tourner le dos ! » Les dîneurs de
la rue Sainte-Anne conservèrent toute l'indépendance
de leur jugement.

Grimm déclara la rétractation « si humiliante
qu'on ne serait point étonné de voir un homme se
sauver plutôt chez les Hottentots que de souscrire à
de pareils aveux ». Collé s'indigna. Les philosophes
boudaient le compromettant amateur. Dans ce con-
cert d'ingratitudes et de désaveux, une note juste,
une note humaine ; elle vient de Rousseau : « Il est
vrai que M. Helvétius a fait un livre dangereux et
des rétractations humiliantes. Mais il a quitté la
place de fermier général ; il a fait la fortune d'une
honnête fille ; il s'attache à la rendre heureuse ; il a
dans plus d'une occasion soulagé les malheureux.

Ses actions valent mieux que ses écrits. Tâchons d'en faire dire autant de nous. » L'orage passé, les dîners reprirent.

Si le livre *De l'Esprit* est un chef-d'œuvre, ce n'est que justice. Il est temps de faire réparation à l'ouvrage et à son auteur. Trop longtemps on a souscrit à ce jugement sur Helvétius : « Esprit faux et superficiel qui pose d'abord un système absolu qu'il appuie ensuite de traits d'histoire tissus de sophismes, ornés avec soin d'un vain étalage d'érudition. » De quel père jésuite émane ce verdict ? — De Jean-Paul Marat !... Donnez-vous donc la peine, étant riche, amoureux et propriétaire, de créer la sociologie moderne !...

LE CHATEAU BAYARD

Un de nos confrères, M. Armand Bourgeois, demande qu'une souscription nationale assure la conservation de la maison où est né Bayard. Les visiteurs de la vallée du Grésivaudan connaissent tous l'humble petit castel, entouré de vignes, qui servit de berceau à l'une des gloires les plus parfaites de l'histoire de France. Le propriétaire actuel du château Bayard ne demande qu'à s'entendre avec l'État dans une œuvre de piété nationale. M. le sous-secrétaire d'État des beaux-arts se propose de soumettre prochainement la question à la commission des monuments historiques. La loi du 30 mars 1887 a été votée pour sauver de la ruine et les chefs-d'œuvre et les grands souvenirs. La maison du Chevalier sans peur et sans reproche n'est peut-être pas une merveille d'architecture. Telle qu'elle subsiste, avec son vieux portail flanqué de tourelles, elle garde un doux air de majesté. A l'intérieur, quelques pièces ont conservé, à défaut de meubles, leur poésie d'autrefois. Ce sont toujours les quatre murs de la cham-

bre où une des plus nobles dames du Dauphiné, Hélène Aleman de Habal, donna le jour à son second
fils. Il y aurait impiété à laisser périr cet asile de
pure chevalerie. Ces temps derniers, voyageant en
Italie, nous ne pouvions traverser une ville quelconque sans passer devant une statue de Garibaldi.
La dévotion des Italiens pour leur héros représenta-
tif a pris déjà le caractère d'une religion d'État. Au
Capitole une pieuse vitrine renferme les reliques
du paladin de l'Unité, ses armes, ses vêtements, le
manteau gris et la légendaire chemise rouge. Tout
récemment, Paris s'associait de grand cœur aux
rites de ce culte étranger. Lorsque nous voulons louer
dignement Garibaldi, ce que nous trouvons de mieux
à dire, c'est qu'il y avait en lui quelque chose de
l'âme de Bayard. Les mânes du preux de l'Italie
moderne sont comblées d'honneurs. Donnons un
peu de notre enthousiasme à la mémoire d'un des
saints de l'ancienne France.

Lorsque le château Bayard sera devenu propriété
nationale, qu'en fera-t-on? Un musée, dit-on déjà.
Pour qu'un musée soit digne de ce nom, il faut
qu'il possède d'abord un conservateur, et ensuite
une collection, s'il se peut. Le difficile ne sera point
de trouver le conservateur : des citoyens de bonne
volonté se rencontreront pour se dévouer à cette
tâche patriotique ; avec l'aide de quelques personnalités parlementaires, le gouvernement est assuré
d'avance de faire un bon choix. Il sera moins aisé
de réunir des objets authentiques. Où sont les élé-

ments d'un musée Bayard? Les documents n'attendent peut-être que cette occasion pour surabonder au delà de toute espérance. Jusqu'à présent, ils ont fait défaut; on ne saurait donc trop conseiller au futur conservateur la méfiance, cette maîtresse vertu de son emploi. Dût-il borner son ambition à réunir une modeste galerie d'images, il aura grand'peine à constituer une collection scientifique. L'iconographie de Bayard est rare et incertaine. M. Roman, le savant éditeur du *Loyal serviteur,* ne note que trois portraits du chevalier, contemporains de leur modèle. Ce sont : d'abord le beau buste en marbre qui orne son cénotaphe dans l'église Saint-André de Grenoble ; puis un dessin au crayon qui figure dans la série des portraits dauphinois, et une peinture sur bois conservée au château d'Uriage. Louis-Philippe lui-même, lorsqu'il créa le musée de Versailles, renonça à découvrir une image officielle de Bayard. Il procédait pourtant en ces matières avec un zèle que rien ne décourageait. La galerie des Mérovingiens présentait certaines difficultés, dont il triompha. Faute de temps peut-être, il inaugura son musée favori sans la moindre peinture de Bayard. Un des historiens du chevalier, son parent Symphorien Champier, nous renseigne vaguement: « *Bayardus statura erat excelsa, colore candido, oculis nigris... Blandus, hilaris, non elatus sed modestus.* » Le portrait authentique de Bayard reste à découvrir ; nous ne disons point cela pour qu'on le découvre.

Un musée, soit, mais un musée tout spirituel où

ne seront exposées que des âmes, voilà ce que doit
être le joli manoir du Grésivaudan. Il suffit de savoir
qu'il conserve encore quelques pierres originelles,
un tout petit peu du décor où se jouèrent les ado-
rables scènes de la glorieuse enfance. C'en est assez
pour qu'il soit délicieux de relire, sur les terrasses
qui dominent l'Isère, le récit du bon Jacques de
Mailles. Un parfum exquis de vieilles vertus françaises flotte dans ce coin d'espace. Ce fut là que le
rude guerrier, père de Bayard, « considérant, par
nature qui jà luy deffailloit ne pouvoir pas faire
grant sejour en ce mortel estre », convoqua ses
quatre fils auprès de son lit. A chacun il demanda
quelle était sa vocation. L'aîné, âgé de dix-huit ans,
répondit qu'il voulait demeurer au castel natal. « Eh
bien ! Georges, dit le père, puisque tu aimes la maison, tu resteras ici à combattre les ours. » Le troisième opta pour la condition religieuse et devint
abbé de Josaphat. Le quatrième forma le même vœu.
Mais le second des fils, Pierre, « en l'aage de treize
ans ou peu plus, esveillé comme un esmerillon », fit
cette réponse : « Monseigneur mon père, je seray,
s'il vous plaist, de l'estat dont vous et vos prédéces-
seurs ont esté, qui est de suyvre les armes, car c'est
la chose en ce monde dont j'ay le plus grand désir,
et j'espère, aydant la grâce de Dieu, ne vous faire
point de déshonneur. » Le vieux père fondit en
larmes à ce discours. Dès le lendemain, il envoya
un serviteur chez le frère de sa femme, qui était
évêque de Grenoble. Le prélat se rendit en hâte au

château. On tint un conseil de famille, entre deux bons repas, et il fut décidé que le jeune Pierre serait offert au duc de Savoie pour un de ses pages.

L'évêque fit venir de Grenoble un tailleur qui besogna toute la nuit à l'équipement du petit soldat. Lorsque Pierre Bayard parut sur son roussin, au milieu de la basse-cour du château, l'évêque s'écria : « Or sus ! sus ! mon neveu, mon amy ! » Le père lui donna sa bénédiction. « La povre dame de mère estoit en une tour du chasteau, qui tendrement ploroit ; car combien qu'elle feut joyeuse dont son filz estoit en voye de parvenir, amour de mère l'admonestoit de larmoyer. » Elle sortit par le derrière de la tour et vint embrasser l'enfant qui partait, lui recommandant d'être brave, doux, courtois, secourable aux pauvres, et sobre quant au boire et au manger. Puis « la bonne dame tira hors de sa manche une petite bourcette en laquelle avoit seulement six escus en or et ung en monnoye qu'elle donna à son filz ». Et Bayard, sur son gentil roussin, partit pour l'aventure.

Dans quel musée se trouve-t-il un plus frais, plus pur et plus fier tableau ? Les instituteurs de la vallée de l'Isère vont avoir une belle occasion de démentir ceux qui calomnient leur corporation. Faire monter une caravane d'enfants de France à travers les vignes du château Bayard et les réunir sur la plate-forme pour leur conter cette histoire, ce sera vraiment une promenade scolaire.

————————

CHODERLOS DE LACLOS

« En marge ! » Cette formule, dont le vague n'est pas sans mélancolie, eût pu servir de devise et tiendrait lieu d'épitaphe à Pierre-Ambroise-François Choderlos de Laclos. Voici qu'on s'avise de réhabiliter sa mémoire ; nous rendons enfin à Laclos la place qui lui appartient dans l'histoire des lettres. Hier, un des plus ingénieux de nos confrères empruntait aux *Liaisons dangereuses* les éléments d'une comédie, dont l'éloge n'est pas de notre compétence. Admirer Laclos sera une des élégances de cet hiver. Ses contemporains n'osèrent jamais aller jusque-là. Ils dévoraient son livre et n'osaient avouer qu'ils l'aimaient. Ce fut un succès en marge de la littérature. Et toute la vie de Laclos se développa ainsi, en marge de la gloire, en marge du génie, en marge du bonheur. Sa renommée n'est pas encore classée.

Pourquoi ? Comment se fait-il que les historiens de l'esprit français aient organisé la conspiration du silence autour d'un homme dont l'unique livre est de la famille des chefs-d'œuvre ? Ouvrez un manuel d'histoire littéraire. Si vous y trouvez le nom de Laclos, ce sera dans la cachette d'une note, au bas de la page, ou sous quelque alinéa un peu honteux. Les générations se sont transmis à son égard une sorte de pharisaïsme effaré. La *Biographie Michaud,* qui ne pêche point par l'excès de subjectivité, se croit obligée de flétrir les *Liaisons dangereuses.* « C'est un tableau de la plus odieuse immoralité, qu'on n'eût jamais dû dévoiler, même en supposant qu'elle fût réelle. » Et le biographe moraliste ajoute, dans un mouvement d'indignation qui nuit à la clarté de son style : « Car la publicité des ruses du crime en est peut-être plutôt l'instruction que le préservatif. » C'est une charmante vertu que la pudeur et elle ne messied point dans un dictionnaire. Mais pourquoi les *Bijoux indiscrets,* par exemple, qui, sauf le respect dû à la mémoire de Diderot, sont une niaiserie ordurière, se trouvent-ils mentionnés un peu partout, et pourquoi la célébrité de Laclos a-t-elle été pendant si longtemps étranglée à la muette ? Le crime inexpiable de cet imprudent n'est point d'avoir fait scandale : c'est d'avoir fait peur.

Cette épouvante d'une vérité trop nue a troublé les plus libres esprits. Il est remarquable que Sainte-Beuve n'ait pas mis Laclos dans son musée. Il l'admirait ; il n'a pu s'empêcher de l'avouer, au détour d'une phrase où il le place, comme écrivain psychologue, auprès de l'auteur de *Manon Lescaut.* Mais il a reculé devant le portrait en pied d'une personne aussi mal famée. Ce n'était pourtant point un pudi-

bond que Sainte-Beuve. Un brave militaire informé
des choses galantes, quel sujet était mieux fait pour
le tenter ? Il n'a pas osé. Il s'est privé d'une joie et
nous a privés, nous, de quelques pages qui auraient
été délicieuses. Une seule fois, il a cité du Laclos. Et
voilà bien la chance de notre héros ; pour cette fois
seulement, Sainte-Beuve, l'homme de son siècle qui
se trompa le moins, a commis une erreur d'attribu-
tion ! Il est vrai que ce fut sur le témoignage de Barbier. Confiant dans le bibliographe des *Anonymes*, le
critique des *Lundis* a attribué à Laclos un portrait
de Talleyrand publié en 1789, dans la *Galerie des
États-Généraux*. L'évêque d'Autun y est ainsi dé-
peint, sous le nom d'Amène : « Amène a ces formes
enchanteresses qui embellissent même la vertu... Il
arrivera à tout parce qu'il saisira les occasions qui
s'offrent en foule à celui qui ne violente pas la fortune. Chaque grade sera marqué par le développe-
ment d'un talent, et allant ainsi de succès en succès,
il réunira cet ensemble de suffrages qui appellent un
homme à toutes les grandes places qui vaquent... »
Ce portrait de la *Galerie des États-Généraux* est
d'une malice charmante et d'une perspicacité prophétique. Sainte-Beuve se plaisait à croire que Laclos
était « le La Bruyère anonyme » qui avait tout de-
viné de Talleyrand. L'érudition moderne, représentée par MM. Le Breton, Aulard, Tourneux, a dé-
montré que la *Galerie des États-Généraux* n'était ni
du marquis de Luchet, ni de Rivarol, ni de Mirabeau, ni de Laclos : il ressort de cette savante en-

quête que nous ignorons profondément qui fut
l'auteur de ce livre, et c'est un résultat très appréciable.

Laclos n'est donc pour rien dans cet horoscope de
Talleyrand, où il entre un peu de sorcellerie. Ce
n'est pas lui qui sut prédire, dès 1789, que l'abbé
de Périgord « arriverait à tout ». L'erreur de Barbier
et de Sainte-Beuve a des excuses. On ne prête qu'aux
riches, et l'auteur des *Liaisons dangereuses* pouvait
être accusé de crime de pénétration. Mais toute sa
psychologie lui servit à peu de chose. La subtilité
littéraire est trop ou trop peu dans la politique. Laclos a tout raté ; au contraire de Talleyrand, qu'il
égalait en ambition et en intelligence, il n'arriva à
rien, qu'au pied de l'échafaud. Sa vie n'est qu'une
longue suite de déboires. Il veut faire un roi de sa
façon et tombe sur le plus déplorable des princes ;
révolutionnaire de la première heure, il s'enlize dans
l'intrigue orléaniste et devient suspect au régime
qu'il a contribué à fonder. Il sauve sa tête à grand'-
peine. Soldat dans l'âme, il ne fait la guerre qu'à
l'âge des rhumatismes. Écrivain génial, on l'accable
sous le poids d'un succès trop lourd. Moraliste, ou
plutôt fanatique de vertu, il laisse un nom noté d'in-
famie.

« Je ne serai compris que vers 1880 », disait
Stendhal. Laclos aura attendu plus longtemps.
L'heure sonne pour lui de la réparation. En fait
d'audaces littéraires, nous en avons vu d'autres ; la
vérité sans vêtements ne fait plus peur qu'aux petites

filles, et encore ! Et puis nous connaissons maintenant toute la vie et toute l'âme de ce vaincu de la
destinée. Sa correspondance publiée par M. de
Chauvigny, le livre généreux de M. Émile Dard
nous ont révélé le Laclos réel, un homme brave et
un brave homme, à tout prendre, dont le vice était
d'avoir à la fois toutes les aptitudes au service de
toutes les ambitions. C'est infiniment trop pour parvenir. Lorsqu'on peut successivement écrire un livre
immortel, renverser une monarchie, exceller dans la
conservation des hypothèques, inventer les boulets
creux et remplir les fonctions de général d'artillerie,
on demande trop à la renommée. La gloire aime les
compartiments ; Laclos exigeait d'elle toute une
armoire. Elle l'a mis dans un coin, pour lui apprendre.

C'est un siècle après sa mort qu'on a su que l'abominable romancier des *Liaisons dangereuses* était le
plus amoureux des maris et le plus tendre des pères
de famille. Les contemporains de Laclos lui don-
naient généreusement l'âme de Valmont. Ce pré-
tendu démoralisateur envoyait à son fils des instructions sans pédantisme et d'une adorable bonhomie ;
on dirait un Sénèque qui aurait lu la *Nouvelle Héloïse*. Ce pseudo-roué écrivait à sa femme, après
vingt ans de mariage, des lettres de fiancé. Elle avait
été délicieusement jolie, mais pour un Valmont, c'eût
été une raison médiocre de l'aimer toujours. Cette
charmante Marie-Soulange Duperré s'attristait de
vieillir : l'embonpoint menaçait sa quarantaine. Le

bon époux eut, pour la consoler, cette trouvaille :
« De toi, plus il y en a, et mieux c'est ! » lui écri-
vit-il. Il n'y a rien à pardonner à l'auteur des *Liai-*
sons dangereuses ; les œuvres sincères n'ont besoin
d'aucune amnistie. Mais dans la prochaine édition de
ce livre, si longtemps calomnié, on pourrait encore
imprimer cette phrase que le capitaine Lespagnol
écrivait au premier consul : « Le général Laclos est
mort victime de son zèle et de son dévouement pour
sa patrie. »

HONORÉ D'URFÉ

Un comité, où siègent fraternellement des écrivains, des députés et un évêque, entreprend de rendre hommage à la mémoire du bon marquis Honoré d'Urfé. L'auteur de l'*Astrée* n'a point de statue. Ses derniers admirateurs déclarent qu'ils se contenteront d'un buste. L'emplacement est déjà trouvé : ce sera la rustique commune de Virieu-le-Grand (Ain), dont Honoré habita le château, aujourd'hui en ruines, et où il écrivit la bible de l'amour courtois. En bonne justice, il faudrait deux bustes : celui de Virieu et un autre au pays du Forez, sur les rives du « doulx coulant Lignon », où Céladon pensa se noyer. La vraie patrie spirituelle du marquis d'Urfé est là, dans le décor de l'héroïsme pastoral. Il adorait son gentil Lignon dont les eaux coulent comme sa prose fluide : « Belle et agréable rivière du Lignon, sur les bords de laquelle j'ai passé si heureusement mon enfance, et la plus tendre partie de ma première jeunesse, quelque payement que ma plume ait pu te faire, j'advoue que je te suis encore grandement redevable, pour tant de contentement receu le long de ton

rivage, à l'ombre de tes arbres feuillus et à la fraîcheur de tes belles eaux ! » Le lieu inspirateur de
d'Urfé est le Forez ; le domaine des ducs de Savoie
fut seulement son cabinet de travail. Où convient-il
le mieux d'honorer un écrivain : au paradis de son
rêve ou au purgatoire de sa copie ? Dans le doute,
nous demandons deux bustes, au risque de prendre leur dimanche à deux sous-secrétaires d'État.

L'aimable commande pour un sculpteur respectueux des vieux styles ! Honoré d'Urfé était charmant.
Une gravure du cabinet des estampes présente le
type accompli du héros pour nymphes : toison léo-
nine, yeux fendus en amande, moustache meurtrière,
barbiche soyeuse se perdant dans l'ample collerette
et le petit doigt de la main gauche coquettement dé-
taché. A vrai dire, ce portrait pourrait être celui d'un
joli sot. D'Urfé n'était pas encore l'inventeur du roman français, mais seulement un figurant assez pâle
de la farce lugubre de la Ligue. Dire que ce blondin
devait écrire plus de quatre mille lignes et travailler
pendant vingt-cinq ans à un conte dont les person-
nages n'exercent aucune autre profession que le désir !
Était-il donc devenu un professionnel passionné de
la littérature ? Point : simplement un ligueur rallié,
qui, ayant pris sa retraite, écrivait pour faire quelque
chose. Il eut certainement du génie sans y prendre
garde, et l'extraordinaire bonheur de tenir la plume
sous la dictée de sa génération. « Cet ouvrage que la
paix a fait naistre », disait-il lui-même de son *Astrée*.
Une société, saignante de la guerre civile, se mit

au régime rafraîchissant de la politesse pastorale.
La France d'Henri IV était lasse de rugir. De son
besoin de bêler, elle créa une élégance, et de tous
ces bêlements à l'unisson d'Urfé eut l'heureuse fortune de faire un chef-d'œuvre.

Car l'*Astrée* mérite le nom de chef-d'œuvre, ou alors
ce nom ne veut plus rien dire. Lorsqu'un écrivain enchante son siècle, le ravit et l'affole parce qu'il l'exprime, s'il n'est pas un maître, qu'est-ce que la maî-
trise ? J'entends bien l'objection : « L'*Astrée* ne se lit
plus ! » Voilà en vérité une belle raison de mépriser un
livre ! Lorsqu'il s'agit des curiosités littéraires, nous ne
sommes pas assez bibelotiers. On recherche les reli-
quaires du XIIe siècle pour y serrer des cravates et l'on
transforme les colombes eucharistiques en vide-poches ;
posséder dans sa salle de billard le chef d'un saint le plus
souvent hideux, devient le signe d'une intellectualité
raffinée. Cette fureur d'antiquailles a même donné
naissance à une de nos industries les plus prospères.
C'est à merveille, mais les vieilleries de la pensée ont
leur charme aussi. L'*Astrée*, c'est un des monuments
les plus vénérables du musée des âmes, quelque chose
comme un vieux miroir où tout un monde reconnut
son image, et dont la clarté s'est ternie. Sous l'épaisse
couche de poussière et d'oubli, vous découvrirez, en
regardant bien, le visage de la France ancienne, toute
dolente encore de la Ligue, dont un suave récit d'a-
mour berçait la convalescence.

C'est long, désespérément long, pour notre automo-
bilisme cérébral, mais les lecteurs du marquis d'Urfé

n'étaient point pressés. Ils dégustaient une première partie de leur cher roman et ils en attendaient la suite pendant quatre ou cinq ans. Pour tromper leur curiosité, ils relisaient les volumes parus. L'auteur se fût d'ailleurs reproché comme un manquement au code de l'amour de précipiter son dénouement. Il sentait bien que tôt ou tard Céladon devrait épouser sa bergère. Le bréviaire de « l'honneste amitié » aboutissait fatalement aux délices permises de l'hymen. Sans doute, mais Céladon ne souffrant plus et Astrée consentante, autant tarir les eaux du Lignon ! A force de reculer les noces de ses héros, Honoré d'Urfé trépassa sans les avoir mariés. Il laissa cette besogne prosaïque à son secrétaire.

Peut-être avait-il contre l'institution du mariage une secrète rancune. Une légende, dans le goût pastoral et espagnol, prétendit longtemps qu'il avait secrètement aimé d'amour la femme de son frère et souffert mille morts, ni plus ni moins qu'un berger des temps druidiques, dévoré par cette passion coupable. Patru et Huet, évêques d'Avranches, se sont attendris sur ce beau crime. L'érudition moderne a déchiré ce poème de ses mains impies. Il est exact que le marquis d'Urfé épousa la femme de son frère ; toutefois il ne l'avait pas aimée du jour où elle était devenue sa belle-sœur, pour plusieurs raisons, dont une suffirait : il n'avait à cette époque que neuf ans. L'aventure conjugale de l'auteur de l'*Astrée* verse à flots le désenchantement. Le frère aîné d'Honoré, Anne, marquis de Bagé, épousa Diane de Châteaumorand, lorsqu'elle avait treize ans. Elle était belle,

mais le latin du pape explique pudiquement pourquoi l'époux de cette superbe personne abdiqua au
bout de vingt années de désunion. « *Ob impotentiam
et frigiditatem ipsius Annœ* », dit le document pon-
tifical prononçant la nullité du mariage. Anne d'Urfé
préféra entrer dans les ordres. Alors Honoré se dé-
voua pour que la dot de sa belle-sœur ne quittât
point la famille. Il recueillit toute la succession de
son frère, femme et fortune : un bloc. Diane de Châteaumorand manquait de mansuétude et de propreté ;
elle faisait coucher dans son lit une meute de lévriers ;
elle portait, pour garantir la fraîcheur de son teint,
un masque enduit de substances fétides ; sa beauté,
dont elle était si vaine, s'acheva en obésité monstrueuse. Honoré d'Urfé était le poète de la patience,
mais il avait tant dépensé de cette vertu dans la littérature qu'il ne lui en restait plus pour la vie privée. Il
congédia cette bergère ; il se sépara de corps, non de
biens disent les mauvaises langues, et rentra dans
son cher idéal où les gens ne se marient qu'à la dernière extrémité. Il a peint merveilleusement Céladon,
mais l'âme avisée du berger Hylas habitait en lui.
Cet Hylas ne perd aucune occasion de blasphémer la
constance ; c'est le seul habitant de la vallée du Lignon qui soit expéditif. Entre nous, je soupçonne le
bon d'Urfé d'avoir toujours eu pour Hylas une ina-
vouable préférence. Sous les règnes d'Henri IV et de
Louis XIII, les hommes de lettres excellaient à peindre des sentiments qu'ils n'éprouvaient point

LE BARON TAYLOR

Les cinq associations de secours mutuels créées par le baron Taylor se donneront rendez-vous demain, sur le terre-plein de l'Ambigu, pour l'inauguration du monument élevé à la mémoire de leur fondateur.

Edmond About s'écriait devant la statue du père Dumas : « Si chacun des lecteurs du maître avait donné seulement un centime, cette statue serait d'or massif ! » Celle de Taylor serait en diamant, si elle avait eu pour souscripteurs tous les obligés de ce grand homme. Car enfin, qu'est-ce qu'un grand homme, si celui-là n'en est pas un ? Peut-être Taylor, qui fut mêlé à tout, n'eut-il en rien ce qu'on appelle du « talent ». Il avait mieux. La passion de l'utile lui donna une manière de génie.

Le bien sans bluff. Cette formule résumerait assez exactement son existence. Cet obstiné bienfaiteur n'eut jamais de programme, il n'annonçait point de miracles à l'avance, il ne faisait pas de promesses de bonheur. Il servait ses semblables sans faire de la

philanthropie une profession. Aucune secte n'a droit
d'accaparer son souvenir. En politique, c'était
un incrédule respectueux. Entre son berceau et
sa tombe, la France changea une vingtaine de fois
de félicité constitutionnelle. Toute la gamme des
couleurs, sans parler des demi-teintes, se développa sous ses yeux. Il n'eut pas le loisir de s'offrir
une opinion classée. Une fois pour toutes, il choi-
sit le parti du bien public, et il lui demeura fidèle,
sous l'averse des révolutions. Il ne méprisait pas
les gouvernements, étant de trop bonne éducation
pour cela. Les gens en place lui apparaissaient
comme des factionnaires qui montaient toujours
la même garde, avec des uniformes variés. Pour
conserver ses entrées dans les bureaux, il avait
besoin d'être en bons termes avec les ministres.
Aussi honora-t-il tous les régimes de sa confiance.
Avant lui, d'autres hommes avaient adopté cette
philosophie supérieure aux nécessités de leur avan-
cement. Chez Taylor, l'athéisme politique avait la
beauté d'une vertu. Ne demandant jamais rien pour
lui-même, il traversa, la conscience et la tête
hautes, les antichambres des grands de la terre.
Lorsqu'il venait les solliciter, il leur fournissait des
occasions de grandir encore. Sa faveur dura de
Louis XVIII au président Grévy. Il ne voyait point
de différence appréciable entre les incarnations successives du pouvoir. Il nous semble que la présence
de M. Viviani devant son monument ne doit lui
causer aucun étonnement. Le baron Taylor, s'il

était encore de ce monde, aurait déjà adressé à
notre ministre du travail et de la mutualité plusieurs demandes d'audience, cordiales et impérieuses.
Peut-être, en entrant chez le ministre, le saluerait-
il du titre d'Excellence, mais ce serait la seule
incorrection qu'il se permettrait. En l'entretenant
de quelque projet, interrompu par la chute de
M. de Martignac, il lui donnerait l'impression d'un
contemporain. Cet homme a vécu près d'un siècle
sans pouvoir vieillir : il était de toutes les générations à la fois.

Par ses manières, par son costume, par sa courtoisie, par sa verte allure de grand seigneur familier, il demeurait toutefois de la Restauration. L'ancien garde du corps persistait quand même. Il con-
serva, quant à l'attitude, le style de l'époque où il
avait pris conscience de lui-même. Pour le voir
vraiment sous son jour, il faut le chercher dans l'élé-
gant chef-d'œuvre de Heim : *La distribution des
récompenses du salon de 1824.* Il y semble un peu
perdu, parmi les curieux illustres qui se tiennent
debout, sur les banquettes, au fond du Salon carré.
A quel titre Taylor figure-t-il dans la cour artistique
du nouveau roi ? Il venait d'obtenir une médaille de
deuxième classe, mais déjà la peinture ne suffisait
plus à ses énergies.

Non loin de lui, on aperçoit Charles Nodier. Les
deux amis viennent de publier la première série
des *Voyages pittoresques dans l'ancienne France.*
Quelle belle compagnie de libres esprits, et que

ces gens-là étaient intelligents, dans toutes les
directions et à tous les souffles ! Taylor, cet ancien
militaire de tenue si correcte, a vagabondé à travers tout le territoire pour chasser au chef-d'œuvre.
Ce peintre, hiérarchiquement médaillé, est un auteur
dramatique applaudi. Cet homme de tradition est en
art et en littérature un romantique d'hier. Il a signé
avec l'ami Nodier un drame en cinq terribles actes,
qui a eu deux cents représentations : *Bertram ou le
Château de Saint-Aldobrand*. La foule a fêté ce tragique, importé d'Angleterre. Le bon ministre de
l'Évangile, Robert Mathurin, un pasteur byronien .
qui partageait sa vie entre les psaumes de l'Église
anglicane et des histoires de brigands, était ignoré
du public parisien ; Taylor et Nodier ont traduit le
plus frénétique et le plus innocent de ses ouvrages.
La sombre tragédie de *Bertram* a enthousiasmé le
jeune Victor Hugo. Taylor a fait jouer encore les
Vampires et *Luca Gaurocio ou le Nécromancien*. Demain, commissaire royal à la Comédie-Française, il
bouleversera la littérature en lançant la bombe *Her-
nani*. Il contraindra Charles X à laisser représenter
la plus subversive des pièces, le *Mariage de Figaro* ;
il osera rappeler au vieux monarque le temps où il
était un jeune fou qui protégeait cette canaille de
Beaumarchais ; contre Charles, il se réclamera du
comte d'Artois. Homme de toutes les audaces, il
donnera *Tartuffe* « avec les costumes du temps »...

A l'avant-garde des idées, en tête de toutes les
nouveautés généreuses, on le retrouve, ce baron

Taylor, n'ayant peur de rien, ne cassant rien jamais, esprit plein d'avenir, toujours de l'opinion d'après-demain. Le théâtre affranchi, nos richesses d'art divulguées, les monuments historiques confiés à la piété publique, la beauté de la France révélée aux Français, quels progrès n'a-t-il pas signés ? Et puis, toutes ces belles besognes accomplies, sans morgue, sans phrases, avec l'aisance d'un dilettante qui s'amuse, il a choisi comme divertissement final d'enseigner aux hommes l'art de s'entr'aider. A-t-il jamais prononcé le mot de « réformes » ? Ce n'était pas dans son vocabulaire. Il acceptait tels quels les hommes, les choses, les gouvernements, les révolutions, les réactions, le bloc d'hier, d'aujourd'hui et de demain. Tout lui était bon à faire de la bonté. C'est un des plus nobles exemplaires d'humanité qui soient sortis de la fabrique française.

Qui a-t-on invité à la cérémonie du terre-plein de l'Ambigu ? Tout le monde ? — C'est risquer encore d'oublier quelqu'un.

AU NOM DES SINGES

Les gens de maison s'agitent et le dieu des syndicats les mène. Vont-ils exiger qu'on leur rende le titre de « citoyens officieux » et le tutoiement révolutionnaire ? Le 19 juin 1790, un Constituant, M. de Noailles, proposa de ne plus reconnaître d'autres distinctions que celles des vertus. Il ajouta : « Je supplierai aussi l'Assemblée d'arrêter ses regards sur une classe de citoyens jusqu'à présent avilie et je demanderai qu'à l'avenir on ne porte plus de livrée. » Cette motion fut votée d'enthousiasme. Certains anecdotiers réactionnaires prétendent que le soir même le comte de Mirabeau rossa son valet de chambre, mais le fait n'est rien moins que prouvé. Les laquais, palefreniers, marmitons, domestiques de toute espèce, désormais promus « officieux » ou « hommes de confiance », se distinguèrent, pendant la période révolutionnaire, par un civisme exalté. Ils furent admis, plus ou moins légalement, à prendre part aux élections ; ils se prodiguèrent dans les clubs ; ils pétitionnèrent auprès de la Convention.

Quelques-uns, emportés par leur zèle, crurent même devoir signaler leurs anciens maîtres à la vigilance de Fouquier-Tinville.

C'étaient des idéalistes. Faut-il croire que le niveau des âmes s'est abaissé? Tout indique que les deux cent mille citoyens ou citoyennes qui exercent à Paris la profession « d'hommes de confiance » ou de femmes du même nom, ne se placent plus au même point de vue que M. de Noailles. Leurs revendications sont d'ordre temporel. Leurs ancêtres se passionnaient pour qu'il n'existât plus entre les hommes d'autres distinctions que celles des vertus : nos officieux syndiqués se contenteraient du repos hebdomadaire. Va pour le repos hebdomadaire ! Nous en serons quittes pour fêter le dimanche soir au restaurant; ce n'est qu'une habitude à prendre. Mais la vertu? Que devient-elle dans tout cela? Est-ce que par hasard les gens de maison songeraient à y renoncer?

Avant, bien avant que la grande Constituante ne les gratifiât de l'égalité, on avait remarqué dans leur corporation certains défauts qui tenaient sans doute à la barbarie des employeurs. L'excellente Christine de Pisan, dans son *Trésor de la cité des Dames*, insinue que les cuisinières du xve siècle usaient de subterfuges pour tromper les ménagères sur le prix des denrées. Comme Christine, en sa qualité de poétesse, aimait les métaphores, elle appelle cela « battre le cabas ». Elle précise : « Qui est à entendre et faire accroire que la chose couste plus cher qu'elle ne faict et retenir l'argent. » Quelle sale époque !

Cette pratique coupable durait encore au XVIIe siècle. Les poètes, toujours ingénieux, lui avaient trouvé un nom nouveau. L'auteur de *La Maltôte des cuisinières,* dans un dialogue d'une grâce toute didactique, nous montre une vieille servante indiquant à une jeune comment on s'y prend pour « ferrer la mule ».

Tâchez de rencontrer un honnête boucher
Qui vendant à la main ou vendant à la livre,
Outre le droit commun donne le sou pour livre...
Mais que la mule soit également ferrée !
Ne rejetez pas tout sur la même denrée.

Tant pour l'oignon, tant pour le persil, tant pour le verjus. Et la novice s'écrie, dans un élan de gratitude :

De votre habileté j'admire l'étendue.
Puissent vos bons avis m'être d'un grand secours
Pour me donner du pain le reste de mes jours !

De métaphore en métaphore, le poète arrive à risquer celle-ci : « Il faut s'appliquer à *bien peigner le singe.* » Le singe d'alors portait perruque ; les Toinette et les Dorine ne l'en peignaient que mieux.

Il était temps qu'une voix austère se fît entendre. L'officier de cuisine Audiger fut quelque chose comme le Fénelon des gens de maison. M. Alfred Franklin a vengé cette mémoire d'un injuste oubli. Dès l'âge le plus tendre, Audiger excella dans les compotes. Il voulut avoir du génie et se rendit en Italie, cette nourrice de tous les arts. Toutes choses égales d'ailleurs, il fut une manière de prix de Rome, ou du moins de boursier de voyage, avant la création de l'Académie. Audiger demeura quatorze ans dans la Ville Éternelle. Lorsqu'il reprit le chemin de la France, il rapportait dans ses bagages « d'incomparables petits pois en cosse ». Ces petits pois, qui dataient de trois semaines, furent jugés succulents par Louis XIV ; le jeune roi en fit faire trois plats, un pour lui, un pour sa mère, un pour Mgr le cardinal. Une grande carrière s'ouvrit devant Audiger ; il servit chez la comtesse de Soissons, chez Mme Colbert ; il fut même soldat et obtint le grade de lieutenant dans le régiment de Lorraine. Il se fit limonadier au soir de sa vie. Mais la limonade lui laissa assez de loisirs pour qu'il pût écrire son livre : *La maison réglée.*

Bien des pages de ce livre sont sans intérêt pour les profanes. Il nous est permis de négliger les recettes « pour faire du rataphia rouge ou des compotes de prunes de perdrigon ». Peut-être l'artiste a-t-il vieilli chez Audiger. Le moraliste demeure tout entier.

Ce penseur tient aux cuisinières le langage de la morale la plus pure. Il trace de la « méchante servante » un portrait repoussant. Il la montre bavardant chez les fournisseurs. « Elle dit de son maître et de sa maîtresse tout ce qu'elle sait et ce qu'elle ne sait pas. Pendant qu'une femme de marchand l'amuse et l'entretient ainsi, le boucher lui donne la plus méchante viande ; le boulanger le pain le plus mal fait et de moindre débit ; l'épicier l'huile la plus mauvaise ; le chandelier la chandelle la plus coulante. » Audiger remarque alors judicieusement : « Ce qui est cause que les maîtres sont mal servis. » On sent qu'il est décidé à tout dire. Il remarque encore que des hommes étrangers à la maison viennent voir les servantes « sous le nom de cousins et autres parents. Lorsqu'elles peuvent sortir, c'est pour les aller trouver, faisant entendre aux maîtres et aux maîtresses qu'elles ont affaire quelques moments pour aller voir quelqu'un de leurs parents ou gens de leur pays qui leur apportent des nouvelles de leurs père et mère ; elles restent quelquefois des demi-journées entières comme si elles avaient véritablement bien des affaires ». Et le moraliste psychologue revient à son *leit-motiv* : « Cela est cause que l'on est tout à fait mal servi. »

Le syndicat des gens de maison peut contempler, avec une légitime fierté, le chemin parcouru depuis l'an 1692. Mais puisque les syndicats sont à la mode, pourquoi ne fonderions-nous pas celui des *Singes suffisamment peignés* ? On mettrait un buste d'Audiger dans la salle d'honneur.

SOUVENIR D'ÉCOSSE

Nous avons failli contrister l'Écosse. Heureusement qu'il nous sera facile de lui offrir réparation. Il ne faut faire aux Écossais nulle peine, même légère. Ce sont de vieux amis de la France. Ils nous ont, au temps jadis, prêté une reine. Il est vrai que nous la leur avons rendue. Mais nos deux pays doivent s'entendre pour ne point délaisser Marie Stuart.

Nous avons un peu négligé cette dame depuis quelque temps et la loyauté nous oblige à reconnaître nos torts. Tout récemment, un juge à la cour suprême d'Écosse, lord Guturie, voyageant dans le Finistère, a été affligé du délabrement de la chapelle qui consacre, à Roscoff, le souvenir du débarquement de Marie sur la terre française. Dans le *Scotsman* d'Édimbourg il adresse un pressant appel à ses compatriotes. Les sociétés archéologiques de Bretagne, de leur côté, se sont piquées d'honneur. L'initiative privée se mobilise pour sauver le petit monument historique de Saint-Ninian. Entendez par là que le gouvernement devra demander un crédit ; tout finit en France par un chapitre du budget.

Cette dépense ne nous ruinera point. Lorsqu'il s'agit de Marie Stuart, nous n'en sommes pas à une galanterie de plus ou de moins: Elle a vécu chez nous le meilleur de sa destinée et nous avons eu le meilleur de son âme. Elle doit à la douce France le peu qu'elle a connu du bonheur. Elle est notre obligée ; cela nous oblige.

Notre histoire est féconde en merveilles. Ce n'est pas la moins miraculeuse que de pouvoir présenter l'image d'une Marie Stuart innocente. Nous avions eu la précaution de la prendre toute petite. A un an, elle avait déjà manqué un mariage. Lorsqu'elle débarqua sur la rive bretonne, les capitaines furent éblouis de sa beauté. « C'estoit une des plus parfaictes créatures qui jamais fust veüe ! » déclare un vieux soldat. Il faut songer qu'elle n'avait alors que six ans. Faut-il croire que sa précocité tenait du prodige ou que le reportage officiel était déjà capable d'exagérer ? Les militaires et les poètes s'accordent tous à vanter les charmes de cette incomparable fée poupine. Du Bellay, qui était du voyage, se sent tout glorieux d'accompagner ce vivant chef-d'œuvre aux beaux prés florissants de l'Anjou.

La cour de France était le seul lieu du monde où cette fleur du Nord pouvait s'épanouir. On l'y cultiva savamment. Les meilleurs maîtres lui enseignèrent à baller et à faire des confitures de cotignac.

Ronsard lui apprit le secret des vers. Elle parlait latin comme un clerc. Notre bon Montaiglon raffolait de ses lettres latines ; il en aimait jusqu'aux solécismes. Les suffragettes peuvent saluer une aïeule dans la docte fiancée du Dauphin. « Estant en l'âge de treize ou quatorze ans, atteste Brantôme, elle déclama devant le roi Henry, la reyne et toute la court, publiquement en la salle du Louvre, une oraison en latin qu'elle avoit faicte, soubtenant et défendant, contre l'opinion commune, qu'il estoit bien séant aux femmes de savoir les lettres et arts libéraux. » Son fiancé royal en était éperdu. Leurs gentilles amours enfantines attendrissaient les diplomates ; l'ambassadeur vénitien écrivait à son gouvernement : « Le Dauphin aime beaucoup la petite reine d'Écosse qui lui est destinée pour femme. C'est une fort jolie petite fille de douze ou treize ans. Il advient parfois que se faisant tous deux des caresses, ils aiment à se retirer tout à part dans un coin des salles, pour qu'on ne puisse entendre leurs secrets. » Toute la famille royale, en y comprenant Diane de Poitiers, veillait tendrement sur cette fragile pudeur. Lorsque la cour s'en fut à Rouen, il y eut des divertissements d'une rare nouveauté : les matelots français exécutèrent une danse guerrière avec des sauvages du Brésil. Mais comme les figurants de cette drôlerie étaient complètement nus, on n'avait pas invité la petite Dauphine.

Il résulta de cette culture sans pareille une femme éblouissante, comme Brantôme lui-même n'en avait pas encore contemplé. « Venant sur ses quinze ans, sa beauté commença à faire paraistre sa lumière en plein midy et à en effacer le soleil lorsqu'il luysait le plus fort. » Quel dommage que les dieux de Ronsard n'aient pas épargné à cette créature de rêve la honte de vivre et le malheur de régner ! L'idylle des fiançailles eut de laids lendemains. Le pauvret de roi était un mari triste. Dès le lendemain de ses noces, il grelottait la fièvre. Les rapports des ambassadeurs devinrent sinistres. Un d'eux nous apprend que « le nez de François II, fort camus, distilloit une humeur fort puante ». Il précise : « Le roi, dès son enfance, ne s'est pas accoutumé à purger par les narines et lorsqu'il le fait par hasard, il sort une matière noire comme de l'encre. » Est-ce que vraiment, en bonne justice, nous ne devons pas à Marie Stuart une compensation ?

Elle ne nous en a pas voulu. Cette veuve d'un époux qui ne se mouchait que par hasard témoigna la plus correcte des douleurs. Son deuil fut exemplaire et délicieux. Elle pleura en beauté. « Car la blancheur de son visage contendoit avec la blancheur de son voile à qui l'emporteroit. Mais enfin l'artifice de son voile se perdoit et la neige de son blanc visage effaçoit l'autre. » Brantôme a raison ; la France avait donné toutes les grâces à sa reine d'un jour, avec toutes les candeurs, et jusqu'à la bonté. Son dernier geste de Française fut un geste de pitié : « Alors qu'elle estoit dans sa gallère, ne voulust jamais permettre que l'on battist le moins du monde un seul

forçat et en pria M. le grand prieur son oncle et le
commanda expressément au comite, ayant une com-
passion extrême de leur misère et le cœur lui en fai-
soit mal. »

Soit dit sans amertume, nous envoyions là aux
Écossais une jolie reine. Ils nous l'ont changée. Ils
ont raison de mettre à notre compte la Marie Stuart
de la période d'innocence. A peine rendue aux bru-
mes natales, la petite déité de l'Olympe des Valois
redevint une femme comme toutes celles de ces temps
de cruauté. Et ce fut sur un pauvre Français qu'elle
s'essaya au crime. Nous pouvons lui pardonner quelques favoris égorgés ; après tout, ce ne sont pas nos
affaires et ces choses-là se sont passées entre Écossais. Mais Chastelard était de chez nous, et si bien
de sa race qu'étant heureux il ne savait pas cacher
son bonheur. Marie, déshabituée des manières de
France, lui fit trancher la tête pour lui apprendre à
être discret. Il alla à l'échafaud, ayant en ses mains
les hymnes de M. de Ronsard. « Après avoir faict
son entière lecture, il se tourna vers le lieu où il pen-
soit que la reyne fust. » En tendant le cou au bourreau, il se contenta de soupirer : « O cruelle dame ! »
Il n'y a qu'un gentilhomme français pour mettre
tant de mesure dans une suprême indiscrétion. Nous
allons, de très bon cœur, réparer nos torts envers
Marie Stuart. Que comptent faire les amis d'Écosse
pour notre Chastelard ?

LE MARQUIS DE MONTCALM

Nous recevons une éloquente circulaire qui propose d'élever, au pays de Languedoc et au Canada, un double monument de souvenir français. Les habitants de Vauvert (Gard) n'ont pas oublié qu'à quelques kilomètres de leur ville, au château de Candiac, est né le plus beau vaincu de nos anciennes guerres. Les Franco-Canadiens de Québec, eux aussi, veulent honorer le marquis de Montcalm. Deux statues, inaugurées le même jour, à quinze cents lieues de distance, en présence de deux foules qui parleront la même langue, voilà une cérémonie qui ne sera pas banale ! Nous ne voudrions point distraire les instituteurs de leurs devoirs professionnels, au lendemain de la sage résolution prise par certains d'entre eux « de s'occuper *aussi* d'éducation ». Mais ils feraient, nous semble-t-il, œuvre d'éducateurs en racontant à leurs élèves, après la classe, cette magnifique histoire douloureuse qui contient pour nous tant de tristesse, tant d'orgueil et tant de remords. Leurs confrères de là-bas, dans le vieux dialecte normand attardé en terre anglaise, ne manqueront pas à ce rite de piété filiale. Il faut que les petits sous des écoliers français se mêlent à ceux des camarades canadiens dans les bronzes jumeaux promis au héros.

Héros, s'il en fût jamais, et si simple, si grand, si complètement pur ! Montcalm, c'est le soldat idéal. Nul n'a mis plus d'élégance dans le sacrifice. Une victime du devoir, dirait-on aujourd'hui. L'ancienne formule était plus belle ; on disait jadis : « Mort au champ d'honneur. »

Quel type parfait de chevalerie ! Ce descendant d'une race militaire avait été élevé comme un fils de roi. Les maîtres les plus savants, mathématiciens, hellénistes, soignèrent son enfance. Il eut le cerveau nourri de Plutarque, qu'il lisait dans le texte, ayant appris le grec à l'école d'un oratorien. Devenu lieutenant général des troupes d'Amérique, à qui ressemble-t-il, ce petit homme sec, au nez d'aigle, lorsqu'il passe en traîneau au milieu des habits blancs ? A un personnage de Plutarque sous la coiffure poudrée. Il arrive de Versailles et date de l'héroïsme légendaire. D'Argenson l'avait signalé au roi comme un des rares officiers qui « se portaient encore vers le grand ». La définition est du maréchal de Noailles ; elle résume toute l'âme de Montcalm. Il allait au grand tout naturellement, et sans apprêts, souriant, joyeux, bon enfant, tranquille. Jamais soldat ne fut mieux préparé à la victoire et plus digne du bonheur.

Il commença par être incroyablement heureux. Ne

disposant guère que de cinq mille hommes avec ses régiments Royal-Roussillon, Artois, la Reine-Guyenne, la Sarre, Berry, Béarn, Languedoc, il battit tout d'abord les armées anglaises. Après la prise du fort de Chouaguen, il écrivait à sa femme : « Voilà une assez jolie aventure, ma très chère. Je vous prie d'en faire dire une messe dans ma chapelle. » Cette poignée de Français, perdus à l'autre bout du monde, passèrent joyeusement le carnaval de 1756. A Québec et à Montréal on dansait comme à Versailles. « Trois grands beaux bals jusqu'au carême ; outre les dîners, de grands soupers de dames trois fois la semaine. Les jours des prudes, des concerts ; les jours des jeunes, des violons de hasard. » Le grand marquis s'aperçut vite qu'il était entouré de coquins et que le Canada serait perdu. L'intendant de la Nouvelle-France, Bigot, volait les Peaux-Rouges et tripotait sur les fournitures. Il y eut famine ; l'intendant accapara les blés et s'emplit les poches. Le drôle jouait un jeu d'enfer et perdait deux cent mille livres en une nuit. « Quel pays ! écrivait Montcalm à sa mère. Tous les marauds y font fortune, et tous les honnêtes gens s'y ruinent. » La situation devenait intenable. Montcalm se plaignit aux ministres. Bigot tenait les bureaux à sa dévotion. Montcalm demandait des renforts, des vivres ; le secrétariat de la guerre procédait par petits paquets. « Envoyez-nous au moins de la poudre ! » s'écriait l'abandonné. Il délégua Bougainville en France pour qu'un homme sûr pût au moins parvenir jusqu'au trône. L'aide de camp rapporta la désespérante réponse du maréchal de Belle-Isle, ce modèle de rhétorique ministérielle, où le héros était lâché en toute courtoisie. « J'ai répondu de vous au roi et je suis bien assuré que vous ne me démentirez pas et que pour le bien de l'État, la gloire de la nation et de votre propre conservation, vous vous porterez aux plus grandes extrémités. » C'était, en style administratif, l'ordre de mourir. Montcalm comprit : il savait tout Corneille par cœur.

Ce suprême combat d'Abraham est une page d'épopée. Pitt avait juré d'en finir. Puisque les Français avaient un héros à leur tête, il en expédia un autre aux troupes anglaises. Wolfe avait trente-deux ans, et comme Montcalm, une grâce sublime : il sabrait en déclamant des vers. Tous deux moururent dans la même journée. Tandis que les grenadiers de Louisbourg chargeaient à la baïonnette, Wolfe reçut une première balle au poignet. Atteint ensuite à la poitrine, il chancela. « Soutenez-moi, criait-il ; que le soldat ne me voie pas tomber ! » On l'emporta mourant et vainqueur. Montcalm rentra dans Québec, perdant son sang par trois blessures ; une balle lui avait fracassé les reins. Tandis que le chirurgien sondait la plaie, il demanda combien il lui restait d'heures à vivre. « Quelques-unes seulement, mon général. — Tant mieux ! je ne verrai pas l'entrée des Anglais dans la ville. » Wolfe avait dit : « Je meurs heureux. »

Le peuple de France s'aperçut à peine qu'il avait

un grand homme à pleurer et qu'il venait de perdre un monde. Paris fut tout entier à la joie de la paix. Toutefois Louis XV gratifia la marquise de Montcalm d'une pension de quatre mille livres.

Les compagnons d'armes du vaincu se souvinrent de lui. Un des rêves de Montcalm, dont il s'amusait même aux bords du Saint-Laurent, avait été de devenir membre de l'Académie des inscriptions. Ceux dont il souhaitait d'être le confrère eurent la mission de résumer sa vie. Le Parlement d'Angleterre avait voté le transfert des restes de Wolfe à Westminster. Sur le tombeau de Montcalm, dans l'église des Ursulines de Québec, la pierre était muette. Bougainville écrivit à l'Académie des inscriptions : « Les Anglais, maîtres aujourd'hui des lieux où reposent les cendres de Montcalm, veulent bien nous y laisser le droit d'y rendre un hommage public à la mémoire d'un homme qu'ils honorent autant que nous le regrettons. Prêtez, messieurs, votre voix à la juste douleur des troupes qu'il commandait . » L'Académie rédigea une superbe inscription latine qui fut gravée sur une plaque de marbre. Pitt tint à honneur d'envoyer lui-même cette épitaphe au Canada. Sa lettre est d'une allure magnifique : « On ne peut qu'applaudir à la noblesse des sentiments des troupes françaises qui veulent rendre un pareil tribut à la mémoire du général qu'elles ont vu mourir à leur tête d'une manière digne d'elles et de lui-même. » Le bâtiment qui portait la stèle glorieuse fit naufrage avant d'arriver à Québec. L'épitaphe composée par l'Académie des inscriptions ne fut posée dans la chapelle des Ursulines qu'en 1859, cent ans après la bataille d'Abraham. Mais, en 1827, un gouverneur des possessions anglaises d'Amérique avait élevé devant Québec l'obélisque où les noms de Montcalm et de Wolfe fraternisent dans la gloire : « *Communem famam.* » Le comte de Dalhousie n'avait pu s'empêcher de faire graver à la base du monument, cette phrase de repentir : « Hommage trop longtemps négligé. » Pouvoir attendre sa statue pendant un siècle et demi en défiant l'oubli, ce n'est pas contre l'ingratitude une revanche médiocre. Mais il ne faut pas infliger une plus longue épreuve à la patience d'un Français que Pitt a pleuré.

UNE MÈCHE DE CHEVEUX

L'âme d'un collectionneur est un abîme. On a vendu à Londres, cette semaine, aux enchères publiques, une mèche de cheveux de Nelson. Il y eut preneur à 150 francs. L'heureux enchérisseur a dû se dire en rentrant chez lui: « Je puis me vanter d'avoir fait une bonne affaire ! »

Faut-il considérer qu'en effet l'affaire était bonne? Il serait infiniment délicat de se prononcer. Nous possédons une échelle internationale de tarifs pour les poteries japonaises, pour l'orfèvrerie religieuse, pour les timbres-poste et pour les Rembrandt. Il n'y a pas de cote des cheveux célèbres. Si surprenante que soit cette lacune dans l'économique de la curiosité, le preneur parvient à se l'expliquer. Un document capillaire, pour concrète que soit son apparence, n'a qu'une valeur tout idéale. Un tel objet, en raison de sa spiritualité même, se dérobe aux prix d'estimation.

Cette mèche, tombée du crâne de celui qui fut baron du Nil et roi de la mer, a été, dit le catalogue de la vente londonienne, envoyée par Nelson à lady Hamilton, quelques jours avant Trafalgar. Pour un bon Anglais, c'est une relique nationale. Nelson a vaincu deux fois Napoléon : à Aboukir, il l'a bloqué dans sa vaine conquête d'Égypte; à Trafalgar, il lui a pour toujours interdit les mers. On comprend qu'un peuple marin vénère en Nelson son héros typique. Nous pensons sur ce point comme les Anglais, et cette idée-là ne date point de la récente entente cordiale. Il est dans le génie des Français de magnifier jusqu'à l'apothéose les adversaires qui les ont battus. Nous les admirons parce que nous avons de l'amour-propre dans l'esprit et de la générosité dans le cœur. Des cheveux de Nelson feraient donc prime à l'hôtel Drouot.

Regrettons que cette mèche illustre ait échappé à notre Musée de l'Armée. Sa signification philosophique n'est pas inférieure à son importance documentaire. En bon anglican, nourri de la Bible, Nelson voulut revivre la fable de Samson. Nous admirons qu'il ait pu envoyer de ses cheveux à Dalila. Elle ne les avait donc pas tous coupés ?... Ainsi qu'il est écrit au *Livre des Juges* : « La femme endormit sur ses genoux le nazir d'Elohim et lui fit raser ses sept touffes. » Lorsqu'il voulut lutter, dit l'Écriture, Samson s'aperçut que l'esprit de Jahvé n'était plus en lui. Le grand amiral anglais, lui aussi, laissa son âme aux mains de la magicienne étrangère. Son génie lui resta, il garda sa force, mais ce qui fait les héros l'avait quitté.

Dans cette aventure napolitaine, où il y eut, plus qu'en aucun temps de l'histoire et en aucun lieu du monde, « du sang, de la volupté et de la mort », deux figures de soldat dominent tout le drame. Nelson fut un prodigieux amiral. Il y eut un grand homme, Championnet. C'est le Français qui l'emporte par la vertu.

. De la vertu, Nelson n'en manquait point. Il était brave, comme un Murat des flots, le frère de ses marins, austère, chaste, loyal et humain. Quand il entra dans la baie de Naples, après Aboukir, au son des barcarolles et sous une pluie de roses, il avait encore une âme de Plutarque. Antoine, lui aussi, n'était qu'un soldat sans perversité, quand il aperçut sur le Cydnus la barque pavoisée qui conduisait la reine lagide à sa rencontre. Emma Liona, devenue la femme de lord Hamilton, avait des lettres, ayant connu des écrivains et des poètes dans l'atelier de Romney. Très jeune, elle avait étudié, principalement au point de vue plastique, le personnage de Cléopâtre, alors qu'elle posait les grandes nudités de l'histoire dans le musée secret du docteur Graham. Nelson était moins préparé qu'Antoine à un abordage de cette nature. Borgne, estropié, hideux, ce gnome sublime fut asservi par un regard. Le soir de son triomphe, il écrivait à sa femme : « Milady s'élance et tombe inanimée devant moi. Je la crus morte. Ses larmes heureusement se firent un passage et elle parut aussitôt soulagée. » Il ajoute, en bon mari : « J'espère avoir le plaisir de vous présenter lady Hamilton. C'est une des meilleures femmes de la terre. Elle fait vraiment honneur à son sexe. »

Quant à lui, il cessa dès lors de faire honneur au sien. Les Français arrivèrent avec Championnet. Nelson prit à son bord toute la séquelle royale, le bouffon de roi, la monstrueuse reine, Emma Liona et son grotesque époux ; il conduisit en Sicile cette cargaison de fantoches et de scélérats. Cependant le héros français, modéré, intrépide, habile, se montrait plus grand encore dans le pardon que dans le combat. Il sut avoir saint Janvier pour lui. Le soir même de la prise de Naples, tandis que le sang fumait dans les rues, Championnet s'en fut à San-Carlo applaudir un opéra de Cimarose ; les femmes lui jetaient des fleurs. Il présida pendant trente jours à un rêve de fraternité et de justice. Il abdiqua pour avoir refusé, en pressurant les peuples, de déshonorer la Révolution.

Le retour des Bourbons fut ignominieux. Rien n'égale l'horreur des lâches Vêpres napolitaines de l'an VII. Le cardinal Ruffo lui-même, le bandit en soutane, avait promis la vie sauve aux jacobins qui s'étaient rendus sur parole. L'amiral anglais trahit la foi jurée. C'était l'ordre de lady Hamilton. Pour lui complaire, Nelson se fit parjure et bourreau. Caracciolo, un vétéran des guerres navales, fut pendu comme un pirate au mât de sa frégate la *Minerva*. Emma présidait à la fête, ayant à ses pieds le vainqueur d'Aboukir changé en bête. Elle reçut, le soir, de la reine Marie-Caroline, un collier de diamants. *I martiri della liberta italiana !...*

Il y a tout cela, et bien d'autres choses encore, dans cette mèche de cheveux, vendue cent cinquante francs.

Mais alors, que vaudrait une tresse de lady Hamilton ? C'est selon. Pendant la vie mortelle d'Emma Liona, ses cheveux varièrent de prix. Quand elle avait seize ans, et la beauté que Romney immortalisa, ce n'était pas cher. Pendant le triomphe de Nelson, ils devinrent inabordables. Après le décès de lord Hamilton, il faut renoncer à les estimer. Mais voyez la vanité des sortilèges. Mme Vigée-Lebrun, qui connut Emma à Londres en 1802, au lendemain de son veuvage, insinue dans ses *Souvenirs* que Dalila était alors menacée d'obésité. Néanmoins, observa la malicieuse dame française, « elle manquait de tournure ». Lady Hamilton, dans toute la fraîcheur de son veuvage, était drapée de noir, avec les cheveux coupés à la Titus. Que de mèches perdues pour les musées ! La bonne Vigée-Lebrun résume ainsi ses impressions : « Je crus m'apercevoir qu'elle jouait la comédie. Je me trompais d'autant moins que peu de minutes après, ayant aperçu de la musique sur mon piano, elle se mit à chanter un des airs qui s'y trouvaient. » Rien n'échappe à la pénétration féminine. Notre gracieuse compatriote était plus psychologue que Nelson. Elle savait son métier de portraitiste. Il avait désappris momentanément celui de héros.

———————

FEU COLARDEAU

La Société des poètes français vient d'avoir une charmante idée. — Où donc, sinon dans une compagnie semblable, pourrait-on avoir des idées charmantes ? — Des déjeuners d'été s'organisent, pour commémorer, chaque dimanche, des poètes d'autrefois dans leur ville natale. Chartres commence, en célébrant en bloc Régnier, Desportes, Colardeau et Collin d'Harleville, tous quatre fils du pays beauceron. Une aimable note circulaire nous a rappelé que Colardeau était né à Janville. Quelques-uns d'entre nous allaient l'oublier.

Il revient de loin, ce Colardeau. Pourquoi ne point l'avouer ? nous ne le connaissions que superficiellement. On est si ingrat ! Mais l'utilité de ces jolies fêtes dominicales est précisément dans leur vertu expiatoire. Elles interrompent ces prescriptions de l'indifférence qui consumeraient peu à peu des renommées. Il est chevaleresque et évangélique d'exercer ainsi des reprises contre le néant. La leçon profite à chacun de nous. Un peu de honte se glisse dans l'âme la plus fière. « C'est pourtant vrai, se dit-on, que je n'ai pas lu Colardeau ! » L'idée qu'on aurait pu mourir en cet état d'ignorance inspire, à vrai dire, plus de mélancolie que d'épouvante. On n'en sent pas moins, au fond de la conscience, un impérieux besoin de réparation. Et alors, un soir de loisir, profitant de ce que Sisowath est à Nancy, on lit Colardeau, sinon totalement, assez du moins pour éteindre en soi le remords et donner quelque apaisement à de nobles mânes.

La joie qu'on y trouve n'a rien de malsain. Cet homme de Janville n'était aucunement un neurasthénique. On connaît la superbe parole de Viennet à Baudelaire : « Moi, monsieur, j'excelle dans la fable. » Colardeau excellait dans l'héroïde. Nos aïeules en paniers raffolaient du genre. Lorsque Marmontel obtint le privilège du *Mercure,* il appela à lui « la volée de jeunes poètes qui commençaient à déployer leurs ailes ». Les ailes de Colardeau venaient justement de pousser. L'héroïde d'Armide à Renaud le rendit célèbre du jour au lendemain. Marmontel en tire une juste gloire : « Je fis sentir combien le style de ce jeune poète approchait par sa mélodie, sa pureté, sa grâce, sa noblesse, de la perfection des modèles de l'art. » Vint aussitôt après la *Lettre d'Héloïse à Abailard,* et cette fois, ce fut du délire.

Tous les amants s'enivrèrent de cette poésie. C'était pour eux un rare délice, où se mêlaient quelques gouttes de poison. Le poète, secrètement effrayé, s'excuse d'avoir tant osé. Son *Avertissement au lecteur* trahit une confusion délicate. Il témoigne aussi d'une certaine érudition : « Héloïse et Abailard vivaient au xII[e] siècle. Les charmes de leur esprit les rendirent célèbres ; leur passion malheureuse les rend encore intéressants..» L'auteur sent bien que son sujet est scabreux : « Au reste, dit-il, quelque passionnées que soient les expressions que j'ai employées dans mon ouvrages, elles sont beaucoup moins vives que celles des lettres originales. »

Voulez-vous un exemple de cette vivacité adoucie ?

> **L'art d'écrire, Abailard, fut sans doute inventé**
> **Par l'amante captive et l'amant agité,**

s'écrie Héloïse, et dans sa fureur lyrique c'est encore ce qu'elle dit de plus téméraire. « Agité », appliqué à un philosophe, était évidemment, sous la plume de Colardeau, un participe passé excessif. Il sut s'arrêter sur la pente du scandale, mais les amoureux se disaient ses vers ; une *Nuit* de Musset n'a pas fait couler plus de larmes.

Après avoir, comme chantre de la volupté, chaviré les cœurs, Colardeau bouleversa le théâtre. Sa tragédie, *Caliste,* étonna le parterre. On y voyait une jeune patricienne dont un suborneur exécrable avait abusé et qui l'aimait tout de même, un père poussant le fanatisme de l'honneur jusqu'à l'infanticide, le contraste du lâche ravisseur avec un héros patriote et continent, le tout dans une vague Gênes d'opéra. Voltaire apprit à Lausanne que la Comédie-Française avait joué cette pièce effrontée ; il en souffrit dans sa théorie des bienséances dramatiques et personnellement dans sa pudeur. Mlle Clairon avouant tout haut la honte de Caliste, lui inspira de chastes indignations qu'il traduisit en formules polissonnes. Sans connaître un mot de la pièce, il la condamna. D'abord il lui déplaisait qu'elle fût imitée du théâtre anglais. « N'avons-nous pas déjà baissé assez pavillon devant l'Angleterre ? C'est peu d'être vaincus, il faut encore être copistes. O pauvre nation ! » Et puis l'auteur était un « courtisan de Fréron et de Pompignan ». Il n'en fallait pas tant pour donner à Voltaire une crise aiguë de nationalisme. Diderot prit parti pour Colardeau, parce qu'avant tout il aimait les audacieux.

Peut-être serait-il hasardeux de reprendre *Caliste*. C'est du Crébillon nigaud, dans une langue douceâtre et proprette de distribution des prix chez les jésuites. Lothario, scélérat couvert de crimes, dit à sa victime : « N'irrite pas un mortel né farouche ! » et lui parle ainsi pour la terrifier plus sûrement. Les effets les plus tragiques provoqueraient des sourires impies. Est-ce une raison pour mépriser les ancêtres ? Après tout, le cinquième acte devait faire merveille avec l'oratoire de Caliste tendu de noir, « le tombeau de ma mère », le corps de Lothario sur un lit funèbre, les cierges et la coupe de poison. Il y a déjà là le magasin d'accessoires et toute la mas-

carade lugubre du boulevard du Crime. Colardeau,
en style d'album, annonce Bouchardy.

Brave homme avec cela, très loyal, aimable et
complimenteur, d'une santé fragile, digne de succé-
der à l'Académie au duc de Saint-Aignan. Ce mou-
ton enragé des plaines de la Beauce fut, à son heure,
un érotique et un casseur de vitres. Il troubla les
vierges et Voltaire... Et dire que le xviiie siècle passe
pour une époque de corruption !

SAINTE-HÉLÈNE

Nous lisons dans les journaux anglais que le ministère libéral vient de rappeler les troupes qui tiennent encore garnison dans l'île de Sainte-Hélène. Il y a là une mesure d'économie qui s'impose. *The Statesman's Year Book*, dans son édition de 1906, évalue cette garnison au chiffre de 424 hommes, et la population à celui de 3882. Tous les documents officiels attestent la décadence de Sainte-Hélène. En quarante ans, le nombre de ses habitants a diminué des deux tiers ; le percement du canal de Suez et la disparition de la marine à voiles ont fait déserter son mouillage ; le commerce y languit misérablement. La garnison partie, tout trafic y disparaîtra de l'île. Les colons s'émeuvent ; ils protestent, ils pétitionnent. Leur sort est évidemment digne de pitié, mais les Anglais sont des gens pratiques qui mettent peu de sentiment dans le budget. La couronne n'aime pas les colonies inutiles et coûteuses. Celle-là devra céder aux ordres de cet indétrônable roi d'Angleterre qui s'appelle le Bon Sens. L'importance économique de Sainte-Hélène a vécu.

Il a été écrit de gros livres sur cet îlot perdu dans l'Atlantique. Le dernier a eu pour auteur M. E.-L. Jackson. M. Dehérain le résumait dernièrement dans un remarquable article du *Journal des savants*. Nous savons par M. Dehérain que Sainte-Hélène faillit jadis devenir une possession française. Au moment où les Hollandais et les Anglais allaient se la disputer, cette conquête tenta Colbert. Les marins de Charles II nous devancèrent et arrachèrent Sainte-Hélène à la Compagnie des Indes de Hollande.

Sainte-Hélène est, depuis 1673, une terre britannique. Le travail et l'orgueil anglais y ont fait merveille. C'est sur un de ces pics volcaniques que Halley dressa le catalogue des étoiles du ciel austral ; Darwin y fit une des stations de son grand voyage scientifique ; hier encore, elle recueillait les prisonniers boers. Et pourtant, ce morceau de la puissance anglaise fait partie de notre territoire spirituel. Si Louis XIV manqua l'occasion d'acquérir ces quelques hectares de lave, Napoléon en a fait la conquête. Sainte-Hélène est une chose française, en tant qu'annexe de la chapelle des Invalides. C'est pour la France une colonie de sentiment.

Cette revendication tout idéale ne saurait alarmer nos voisins. Il y a longtemps que les vieilles querelles sont enterrées sous le saule de Longwood. Ce qui a été écrit de moins partial sur la captivité de Napoléon est signé d'un nom anglais. Dans son livre la *Dernière phase*, lord Rosebery fait preuve, à l'égard du plus grand des anciens ennemis de l'Angleterre, d'une équité où il entre peut-être un peu de remords. Quant à nous, nous avons cessé de considérer comme une opinion bonapartiste l'admiration de Napoléon. Le droit de voir en lui un grand homme est désormais toléré chez les Français adultes. Il leur est permis de montrer une certaine curiosité de cette destinée. Lord Rosebery remarque finement ceci : « Chose remarquable, cette curiosité n'est accompagnée d'aucun signe d'une résurrection du bonapartisme comme facteur politique. » C'est remarquable, en effet, mais entre compatriotes, nous parvenons aisément à comprendre pourquoi.

La littérature napoléonienne de Sainte-Hélène remplirait une bibliothèque. Son abondance ne la rend que plus décevante et plus vaine. Tous ces hôtes de Longwood étaient assurément les plus braves gens du monde. Il leur fut donné de voir le « surhomme » redevenir sous leurs yeux, et de jour en jour, semblable à un être humain. Furent-ils conscients de la majesté et de la mélancolie d'un tel spectacle ? Les témoins de cette métamorphose avaient des yeux et point de regard. Nous sommes encore à attendre que de cette poussière de témoignages sorte un livre de vérité.

Est-ce un livre possible que celui-là ? De tous ces documents contemporains pourra-t-on jamais dégager du vrai ? Désœuvrés, nostalgiques, aigris, les compagnons de Napoléon ne voyaient se coucher le soleil qu'à travers un brouillard d'ennui. « Que les nuits d'ici sont longues ! » disait l'empereur à Gourgaud. Et l'honnête écuyer répondait : « Ah ! sire ! et les jours, donc ! » Tout le secret des misères de la petite cour maussade et fidèle se devine dans ce bâillement d'exilé. Il eût fallu, pour noter cette agonie, quelque médecin génial de l'âme, un sorcier du cœur, à la Carlyle. Il n'y était pas. Le dénouement du drame s'est joué devant une figuration de factionnaires. On parvient à ressusciter le Napoléon des batailles, il n'est pas impossible de raconter Waterloo. On ne racontera jamais Sainte-Hélène.

Et maintenant, un peu plus de silence et de mystère va tomber sur cet illustre lieu condamné. Le lien va se rompre qui le rattachait encore au monde de la vie. Dans quel état hideux de délabrement sera dans cinquante ans, dans dix ans peut-être, le toit qui vit la pensée de Napoléon s'humaniser avant de s'éteindre ? Avec le dernier soldat qui quittera l'île, commencera l'ère de ruine et d'abandon.

On songe déjà aux fouilles savantes que dans quelques centaines de siècles viendront pratiquer là des archéologues. Ils se tromperont superbement, comme doivent se tromper leurs confrères d'aujourd'hui qui explorent les monticules de Tello ou le palais du roi Minos. Au moins pourront-ils, sans remords, se consoler de leur ignorance avec de nobles hypothèses. Nous sommes, nous autres, trop près et trop loin de la tragédie ; trop mal informés pour la comprendre et pas assez pieux pour la refaire. Il faut des périodes millénaires pour que les forêts se transforment en houille et les belles légendes en vérité.

———————

SÉMINAIRE DÉSAFFECTÉ

Allons-nous vraiment avoir un musée des artistes vivants? Les Chambres se sont séparées sans voter les ressources nécessaires à l'aménagement de l'ancien séminaire de Saint-Sulpice; on assure toutefois que nous ne perdrons rien pour attendre. Les plans sont prêts, les devis arrêtés. Paris pourrait être gratifié d'un projet de Luxembourg modèle pour ses étrennes de 1908. Et moins de deux ans après l'ouverture des crédits, l'art contemporain s'installerait à l'aise dans la vieille maison sulpicienne rendue à la vie.

Pour l'instant, c'est la mort qui l'habite, une mort administrative et maussade. La visite de ce vaste lieu désert laisse une impression de lamentable abandon. Son aspect extérieur est d'une caserne ou d'un hospice; au dedans, une bâtisse quelconque, sans rien qui trahisse une pensée d'art. L'architecte qui reconstruisit le séminaire, en 1820, eut pourtant son heure de célébrité : Godde n'était pas le premier venu. Il faut croire qu'il avait reçu de sa pieuse clientèle l'ordre de ne sacrifier en rien aux muses profanes. Il dut se conformer à cette discipline, dont Renan s'égaye dans ses *Souvenirs :* « Les sulpiciens voient à merveille la vanité et les inconvénients du talent et ils s'interdisent d'en avoir. » Cette vanité, ils l'ont sévèrement défendue à leur architecte ; il leur a obéi avec une docilité toute sulpicienne. Mais après tout, n'est-ce pas faire preuve de talent que d'exécuter à souhait un programme d'une parfaite austérité? Un séminariste de 1843 rendait hommage aux mérites modestes de M. Godde : « La maison que nous habitons, écrivait-il, est un très bel édifice. Elle a été construite il y a quelques années et on s'aperçoit bien à sa commodité, à sa parfaite régularité, aux savantes combinaisons de sa distribution qu'elle l'a été par d'habiles architectes. » C'était Renan, tout nouvellement arrivé de sa Bretagne, qui s'essayait ainsi à la critique d'art. Dans les lettres adorablement naïves et tendres qu'il adresse à sa mère, il ne tarit pas d'éloges sur les splendeurs du séminaire. « Tout est ici d'une élégance admirable et d'une propreté qui va presque jusqu'au luxe ; pourtant elle s'arrête sur les limites convenables. »

On cherche la cellule où Renan prit cette première leçon d'élégance. Nous savons par lui qu'elle était située au quatrième étage et qu'elle donnait sur la rue du Pot-de-Fer. Le supérieur, M. Cardon, avait logé le nouveau venu sous les combles, pour mieux lui témoigner sa sollicitude : « Vous avez besoin d'exercice, je veux vous mettre dans une position convenable pour en prendre. » De ces quatre ou cinq chambrettes, toutes semblables, quelle est celle où Renan jouissait « de deux espèces d'armoires pour serrer ses effets et d'une cheminée à la prussienne, de construction très ingénieuse » ? On se plaît à supposer que la cellule du coin fut la sienne. « J'y vois pendant la nuit comme en plein jour, grâce aux tuyaux de gaz qui se trouvent vis-à-vis. » M. Godde avait tout prévu. Mais comment un réverbère de 1843 parvenait-il à illuminer à ce point un quatrième étage? Peut-être l'hôte de ce réduit portait-il dans l'âme le don miraculeux de tout embellir.

Assurément, le luxe permis aux derniers pensionnaires de Saint-Sulpice « s'arrêtait sur les limites convenables ». Leurs devanciers du xviie siècle étaient mieux partagés. Rien ne subsiste malheureusement des constructions entreprises « d'après les pensées de M. Olier » ; l'édifice bâti par le fondateur du séminaire n'a pas survécu à la Révolution. Olier eut, pour sa règle personnelle, toutes les humilités d'un saint ; lorsqu'il s'agissait des œuvres divines, il voyait beau et voulait grand. Il fit choix de Le Mercier pour édifier la première demeure des sulpiciens. Le Mercier couvrit de bâtiments majestueux toute la surface dont le centre est occupé aujourd'hui par la fontaine monumentale. Ce palais du renoncement avait l'ordonnance grandiose d'un beau raisonnement théologique. Un des biographes d'Olier, M. l'abbé

Faillon, raconte que rien n'avait été épargné pour ennoblir l'asile des jeunes clercs. « On porta si loin les précautions dans le choix de tous les matériaux qu'on n'y en employa aucun qui n'eût été trouvé sans défaut et même qu'on acheta à grand prix une forêt entière pour avoir un bois neuf et sain à employer aux constructions. » Tout languissait à Paris, en l'an 1649. Les ouvriers sans travail de la place de Grève se présentaient en foule au chantier de Le Mercier. M. Olier goûtait une pieuse allégresse à nourrir « la multitude turbulente qui manquait de pain et aurait pu se porter aux dernières extrémités pour s'en procurer ». Cela lui valut une popularité dont il n'abusa point. « Que nous sommes heureux, s'écriait-il, de pouvoir, en élevant une maison à Notre-Seigneur, donner du pain à ses membres ! » C'était l'intervention du socialisme clérical dans l'industrie du bâtiment, mais on accordera qu'elle se manifestait sous une forme innocente.

Rien, hélas ! n'a survécu de la maison des grands sulpiciens qui furent aimés de Vincent de Paul. L'architecte du prochain musée du Luxembourg n'aura à bouleverser que les moellons de M. Godde. Un seul objet subsiste pour attester le faste austère de M. Olier. Au-dessus du maître-autel de la chapelle moderne, se voit encore un tableau de Le Brun : la *Pentecôte*. Olier avait commandé à Le Brun un plafond et dix toiles. Il avait pris soin de tracer le plan des compositions et de fournir le programme sacré. Cette décoration picturale fut consacrée « au sacerdoce de la Sainte Vierge manifesté dans ses différents mystères ». Aidé de ses élèves favoris, Le Brun exécuta en quatorze semaines le plafond représentant la Vierge triomphant de l'hérésie de Nestorius. Le tableau la *Pentecôte* reçut de lui de plus tendres soins. Comme il pensait s'être surpassé dans cet ouvrage, il demanda à M. Olier la permission de s'y peindre lui-même, sous la figure d'un apôtre.

Vendu à la Révolution, ce tableau passa dans la galerie du cardinal Fesch ; les sulpiciens le rachetèrent. A quelles fortunes nouvelles est-il destiné ? C'est une noble page, où il y a plus d'émotion et de suavité que dans l'art de Versailles. Le Brun n'est pas en grâce auprès du monde de la spéculation. Il ne « fait » pas de gros prix dans les ventes ; ce n'est pas un génie coté. Si un coulissier esthète consultait un commissaire-priseur au sujet de la *Pentecôte,* il obtiendrait certainement cette réponse : « Il n'y a là-dedans aucun sentiment religieux ! » On est devenu très mystique dans la curiosité. M. Olier ne saurait lutter sur ce terrain avec l'élite de nos collectionneurs.

Nous avouons, à sa honte, que le mysticisme de Le Brun lui suffisait. Et pourtant il vivait dans l'intimité des séraphins ; la fréquence de ses visions irritait même le bon sens un peu épais de Nicole. M. Olier avait souhaité ardemment de voir cette *Pentecôte* avant de mourir. Baudrand, son successeur à la cure de Saint-Sulpice, a décrit la joie spirituelle dont fut transporté le grand docteur en contemplant l'œuvre de Le Brun. Il tendit les bras vers l'image de la Vierge : « Hélas ! s'écria-t-il, si on la peint ici-bas dans une aussi parfaite beauté, quel spectacle n'est-elle pas au ciel ! »

Faut-il en conclure que le bienheureux M. Olier n'entendait rien au sentiment religieux, ou qu'il avait mauvais goût en peinture ? Devons-nous croire plutôt que Le Brun fut un très grand homme, dont le génie, raisonnable et fort, répondait aux pensées et aux passions de son temps ? Pour le moment, il est le seul hôte vivant de cette solitude qui sera demain un musée de peinture. En son costume d'apôtre, la tête tournée vers le spectateur, il regarde venir la foule des peintres ses confrères. « Chers camarades, semble-t-il dire, je sais que je suis démodé. Je n'y puis rien. Laissez-moi seulement vous souhaiter à tous un Versailles à décorer, un Colbert pour vous donner des commandes et un Olier pour pleurer devant vos œuvres ! »

LA VILLA ALBANI

Est-il vrai qu'une des plus nobles demeures romaines, la villa Albani, soit en danger d'être vendue? La Société italienne d'archéologie jette un cri d'alarme ; elle vient de protester auprès du syndic de Rome. Les journaux italiens qualifient cette protestation de « vibrante ». On vibrerait à moins. La spiritualité de certains lieux leur confère un caractère international ; la villa Albani est de ceux-là. Cet immeuble est-il, aux termes du Code, la propriété de quelqu'un ? Il faut bien l'admettre, mais les propriétés de cette nature demeurent grevées de la servitude d'admiration. Chacun de nous se considère vis-à-vis d'elles comme un usufruitier extralégal et légitime. Sans que ce soit écrit dans aucun texte législatif, la villa Albani est à tout le monde.

Il n'existe pas de plus beau décor pour la méditation. Les jardins Borghèse ont plus de majesté seigneuriale, ceux de la villa Doria-Pamphili un air plus triomphant de fête ancienne. Mais chez le cardinal Albani, la flânerie parmi les buis et les cyprès, avec des haltes devant les arbres moussus, tandis que les monts Sabins s'effacent dans le soir, c'est une de ces joies romaines dont on emporte, comme disait Gœthe, « du bonheur pour le reste de ses jours ». Rome se fait aimer là, sinon plus, mieux du moins et plus intimement que partout ailleurs. Les parterres sont peuplés d'ombres savantes qui y ont élu leurs élysées. Bouleverser la villa Albani, ce serait désaffecter un cimetière d'âmes.

Et quelles douces âmes, si dignes de goûter le repos ! Celle d'abord du bon cardinal Alessandro, qui aimait les statues antiques jusqu'au péril d'être damné. Le casino que lui construisit Marchione, un architecte docile, était moins une demeure profane qu'un prétexte à rassembler des bustes d'empereurs païens ou des images de canéphores, entre les briques rouges de la Porta Salaria et les collines du pays des Sabins. Dans ces allées finement sablées, par un soir de siroco chargé de souvenirs, au milieu des dieux de l'ancien monde, naquit une déesse moderne : l'Archéologie.

Un Germain, le plus candide et le plus pieux barbare qu'il y eut jamais, était venu des plaines du Brandebourg pour évoquer cette divinité nouvelle. Joachim Winckelmann avait hésité longtemps entre l'état ecclésiastique et la prêtrise du Parnasse. « Eusébie » et les muses se disputaient son cœur. Par « Eusébie », il entendait le génie du ministère paroissial. Les muses l'emportèrent. Cet instituteur allemand avait le besoin de s'ensoleiller l'âme. Il entra au service de l'Église romaine pour pouvoir fréquenter à loisir les nymphes et les olympiens. On lui promit une pension de cent écus et un logement au Vatican s'il consentait à abjurer l'erreur de Luther. Il quitta le protestantisme et le Brandebourg avec une précipitation ingénue. Le R. P. Ranch, confesseur de S. M. le roi de Pologne, fut chargé de faire de Winckelmann un catholique suffisant. A peine converti, le père de l'histoire de l'art se jeta à cœur perdu dans le paganisme. Des cardinaux antiquaires et bibliophiles se chargèrent de rassurer sa conscience. Muni de toutes les absolutions, le suave polythéiste prussien, croyant s'helléniser, s'italianisa passionnément. Avec quelques sous en poche pour ses repas, il était le plus heureux des Allemands libérés. Toutes les lettres qu'il écrivit pendant ses douze années de vie romaine expriment la parfaite béatitude. Il bénissait ses protecteurs : le père Ranch « qui m'a tenu lieu de père, d'ami et de tout ce que j'ai de plus cher au monde. C'est à lui que je dois le bonheur dont je jouis. Lui seul est l'objet des vœux que je prie le ciel d'exaucer » ; Passionei, le cardinal chercheur de manuscrits rares, qui vivait en bon ménage avec l'Inquisition ; et par-dessus tous, le cardinal Albani, « mon plus zélé protecteur et le plus profond antiquaire qu'il y ait. Il a fini de faire bâtir sa villa et y a produit au jour des statues et d'autres monuments que personne n'avait encore connus jusqu'à présent. On s'y rend vers le soir et l'on s'y promène avec le cardinal, comme avec le moindre particulier ».

Classer des monuments antiques, en devisant avec
des membres du Sacré-Collège, Winckelmann n'imaginait point qu'il pût y avoir une plus délicieuse destinée. Ce fut dans les jardins Albani qu'il fixa, comme
dit Mme de Staël, « les vrais principes admis *maintenant* dans les arts sur l'idéal ». Le mot « maintenant », dans la bouche de Corinne, ne cachait aucune
arrière-pensée de scepticisme : elle entendait dire
« désormais ». Depuis le temps du bon Winckelmann, l'archéologie, sa filleule, a plus d'une fois
changé de « désormais ». Il passerait des heures
cruelles à entendre la postérité reviser ses amours.
Le catalogue de sa chère villa Albani, tel qu'il est
commenté par M. Helbig, lui infligerait des étonne-
ments douloureux. Rien ne lui paraissait comparable
à l'Apollon du Belvédère. Nos blasphèmes devant son
chef-d'œuvre favori lui arracheraient des larmes.
Quelqu'un a dit de cette statue à laquelle Winckelmann consacrait le plus pur de son lyrisme : « Après
tout, ce n'est qu'une première médaille ! » Un pareil
verdict, au xviiie siècle, était interdit à la pensée
humaine. Le Laocoon, dont Rayet devait dire : « C'est
un comédien qui étudie ses effets devant la glace »,
représentait pour le *scrittore* du Vatican l'immortelle
leçon de beauté parfaite. En peinture, Winckelmann
aurait aussi de mauvaises surprises. Lorsque son
compatriote et ami Mengs termina le plafond de la
villa, l'amitié égara sa critique : « M. Mengs se pré-
pare à peindre à fresque le plafond de la galerie. Le
champ du milieu représentera Apollon avec les neuf

muses de grandeur naturelle. Raphaël n'a rien.produit qui puisse y être comparé, et l'on peut dire que ce peintre n'a pas donné à ses ouvrages tout le fini que Mengs donne aux siens. »

Lire la correspondance de Winckelmann, c'est se convaincre que peut-être il « s'y connaissait moins » en objets d'art que le dernier de nos commissaires-priseurs. Cette découverte dispose d'abord à l'orgueil et vous replonge aussitôt après dans l'humilité. Winckelmann cite souvent cette parole d'Homère : « Les dieux ne distribuent à l'homme qu'une dose de raison pour chaque jour. » Il en est de même des générations. Celle du créateur de l'archéologie usa, à sa manière, de la dose de raison qui lui était départie. Sans le zèle qu'elle mit à se tromper, nous ne serions pas devenus infaillibles. Nous sommes arrivés à la vérité par les chemins qui conduisaient ces braves gens à l'erreur et en mettant nos pieds dans l'empreinte de leurs pas.

Elles sont visibles encore, ces traces vénérables, sur le sable de la villa Albani. Les promeneurs qui conversaient dans ce beau lieu, fils d'une race disparue qui croyait aux principes, tinrent souvent des propos périssables. Pour des raisons qui ne sont plus les nôtres, ils ont créé dans la vie moderne la religion de la beauté. Leurs préférences sont mortes, leur enthousiasme n'a pas une ride. C'étaient de grands types d'intelligence, ces prélats lettrés et ces pèlerins venus d'Allemagne à la recherche d'un idéal oublié. Dans son langage, toujours un peu brandebourgeois et qui sent encore le maître d'école, Winckelmann a dit de ses amis « qu'ils avaient des âmes dignes de leur divin prototype ». On peut sourire de la formule. N'empêche qu'elles sont toujours et plus que jamais chez elles, dans la mélancolique villa du cardinal, ces doctes âmes naïves d'autrefois...

AVIATION

Victor Hugo affirmait dans ses propos de table que la découverte de la machine à voler n'était plus qu'une question d'heures. Le Satyre de la *Légende des siècles* avait d'ailleurs pris soin de l'annoncer aux Olympiens, entre autres vérités désagréables pour leurs oreilles de dieux conservateurs. Quelle belle lettre de félicitations Hugo écrirait aujourd'hui à M. Henri Farman et à M. Esnault-Pelterie ! L'un vient d'élever à cent mètres son aéroplane, l'autre de voler à une vitesse de quatre-vingt-huit kilomètres à l'heure sur le champ d'Issy-les-Moulineaux. Ce n'est pas encore le « plein ciel » que promettait le grand poète, mais la science va moins vite que la littérature. Il est fort heureux qu'il y ait des inventeurs pour exécuter les ordres du lyrisme. Le moins que nous puissions faire pour eux, c'est de les laisser prendre leur temps.

Il y a bel âge que nous attendons de la science qu'elle nous rende semblables aux oiseaux. Le regretté Icare fit tout son possible pour donner satisfaction à ce désir. Il serait injuste de lui reprocher son échec ; la question n'était pas mûre. Depuis, elle a mûri tout doucement, et demain peut-être la prédiction du Satyre de Victor Hugo s'accomplira. Il y aura ce jour-là grande joie au paradis des précurseurs. « Je l'avais dit ! » s'écriera Hugo. Mais quelqu'un lui répondra : « Cher confrère, vous aviez pris seulement la peine de le dire. Il vous en a coûté de belles métaphores. A moi, Léonard de Vinci, il m'en a coûté des nuits tragiques. »

Cette chimère du vol humain obsédait les veilles de Léonard. Pendant trente ans, il y a rêvé savamment. Le jour où l'homme planera librement dans les airs, c'est à Milan qu'il lui faudra s'arrêter ; le premier moderne qui saura voler devra une visite à Léonard.

S'envoler, c'était bien un désir qui convenait à cette âme aérienne ! Pour le surhomme de la Renaissance, dépouiller l'opprobre de la pesanteur représentait la dernière délivrance. Il y pensa toujours. Il ne semble point qu'il ait fait part à ses contemporains de cette recherche passionnée. L'aviation ne figure pas sur la liste des merveilles qu'il promettait à Ludovic le More. Si le duc de Milan agréait ses services, il s'engageait à construire des ponts, à tirer l'eau des fossés, à fournir des bombardes transportables, à creuser des souterrains, à fabriquer des chariots, et, par surcroît, « à exécuter en sculpture, soit de marbre, soit de bronze ou de terre, de et même en peinture, n'importe quel travail à l'égal de n'importe quel autre ». Il ajoutait : « Si l'une des choses ci-dessus dites paraissait à quelqu'un impossible et inexécutable, je m'offre, très illustre seigneur, à en

faire l'expérience dans votre parc. » Il ne livre au duc
de Milan que ses talents d'ingénieur et d'ouvrier d'art ;
il garde pour le mystère de son cabinet de travail
l'essence de son génie, le grand œuvre. A quels moments pouvait-il donc rester seul ? Sa vie milanaise
est une débauche d'énergie où ne se devine pas une
heure de recueillement. Il sculpte, il peint, il bâtit,
il joue du luth, il crée des engins militaires, il or-
ganise des fêtes, il se gaspille en mille besognes
mercenaires. Ses manuscrits sont là pourtant, qui
attestent sa puissance de solitude, au milieu de ce
tourbillon, et son pouvoir souverain de s'appartenir.

Il n'avait garde de promettre à son despote de
faire dans le parc de la seigneurie l'expérience de la
machine à voler. Ludovic, dévoré de toutes les curiosités, ne lui eût plus laissé un instant de repos.
Le More est en bon renom chez les historiens ; on
lui passe ses perfidies, parce qu'il voulut faire de Milan l'Athènes italienne et qu'il ouvrit son palais à
toutes les idées. C'était, plutôt qu'un grand prince,
le plus intelligent des neurasthéniques. Si Léonard
lui avait fait la confidence de sa chimère favorite,
Ludovic aurait exigé une paire d'ailes pour le prochain carrousel. Et Léonard, qui était un fonctionnaire docile, eût été capable de la lui fournir sur
commande, pour avoir la paix !

A l'orgueil de la découverte, Vinci préférait la
lutte cachée contre l'impossible. Quelqu'un a dit
qu'il y avait en lui un sorcier sublime. Certains de
ses biographes ont examiné s'il n'appartenait point

à une secte hermétique. Eugène Müntz a discuté consciencieusement la question de savoir s'il était mage. Cette question, M. d'Annunzio la résout hardiment par l'affirmative. M. Edouard Schuré, dans un beau drame symbolique de son *Théâtre de l'âme,* fait parler Léonard comme un Raymond Lulle. « Quand m'apprendras-tu la musique ? » demande au maître un candide apprenti. Léonard répond : « Lorsque l'Aigle humain montera dans les airs comme un roi de l'espace ! Je t'apprendrai la musique, Farfanikio, quand je saurai voler. »

Ceux qui ne savent point très exactement ce que c'est qu'un mage se contentent, sur le témoignage des savants, d'admirer dans le plus profond des peintres le précurseur des sciences modernes. La lecture d'un mémoire comme celui de Hureau de Villeneuve, *Léonard de Vinci aviateur,* un regard effaré sur un des manuscrits de la Bibliothèque de l'Institut, une visite à la Joconde, c'est plus qu'il n'en faut pour perdre la tête. On comprend que Léonard ait tenu cachées ses pensées intimes. S'il s'était montré tout entier, il aurait fait peur à l'humanité, même à celle de l'Italie de la Renaissance, qui en usait familièrement avec les prodiges.

Une seule fois, il a failli révéler le fond de son être. Le portrait qu'on montre aux Offices de Florence est charmant et négligeable. Cette image, trop jolie, longs cheveux bouclés et barbe d'or, n'est d'ailleurs pas de la main du maître. Ce Léonard est celui des académies et des principautés. L'aveu total

de lui-même, il l'a fait dans le dessin de. la Bibliothèque de Turin. Ici, le peintre a dénoncé l'occul-
tiste. Ce visage ravagé, dont la moue trahit un dédain suprême, est terrible à voir ; il fait peur. De
quel monde interdit s'est évadé ce fantôme ? Voilà
bien l'auteur de ces manuscrits où dort le secret des
conquêtes futures. Mais quel étrange courtisan pour un
Léon X ! « Il n'y a rien à faire de cet homme-là ! »
disait le pape Médicis. Mettons-nous à la place du
Saint-Père. Il avait commandé un tableau à Léonard ;
on vint lui dire qu'avant de se mettre au travail, le
peintre distillait des huiles pour ses vernis. « Mais il
commence par la fin ! » s'écria le joyeux pontife,
sans se douter qu'il prononçait une parole profonde.

Est-ce que par hasard notre xxᵉ siècle, qui n'a
ni surhommes ni mages, mais simplement d'humbles savants et d'audacieux héroïques, toucherait,
quant au problème de l'aviation, à cette fin par laquelle Léonard voulait commencer? Le vieillard in-
quiétant du dessin de Turin semble interdire aux
modernes les choses qu'il n'a pas trouvées. « Je
t'apprendrai la musique, Farfanikio, quand je saurai voler... » Farfanikio a grandi; il sait la musique
et bien d'autres choses encore. Les sourcils froncés
du mage ne lui font plus peur. Seulement, comme
il n'est pas ingrat, au bas du douloureux portrait,
il recopie cette simple phrase du bon Vasari : « Vraiment admirable et céleste fut Léonard, fils de Ser
Piero da Vinci. »

UNE REPRISE DES GUÊPES

Il faut nous féliciter qu'il soit question d'une reprise des *Guêpes*. La comédie d'Aristophane n'a jamais été représentée intégralement à Paris. L'idée de la reprendre aurait pu venir à l'administrateur de la Comédie-Française. Il est préférable que l'initiative de cette remise à la scène du chef-d'œuvre antique soit due au gouvernement lui-même. Il ne s'agit pas de favoriser un théâtre particulier. Les *Guêpes* tiendront l'affiche un peu partout. Bientôt on les jouera par ordre sur tous les points du territoire français.

Pour parfaire la République athénienne, il nous manquait de vrais « héliastes ». On se décide enfin à compléter sur ce point notre ressemblance avec Athènes. Nous n'avons plus rien à envier désormais à la plus illustre et à la plus adorable des démocraties.

Les visiteurs du musée d'Athènes se reposent de la vue des héros et des dieux en contemplant, au fond d'une vitrine, de menus objets sans grâce apparente. Ce sont d'humbles morceaux de plomb, décorés d'un côté d'une lettre de l'alphabet, et de l'autre du symbole de la chouette. Ainsi étaient les jetons de présence qu'à la sortie du tribunal les héliastes échangeaient contre un honoraire équitable. Ces légers monuments de la sagesse antique nous en disent long sur la vanité des législations et sur le génie pervers que déploient les hommes pour abuser des choses les meilleures.

Faire participer tous les individus de la cité à l'accomplissement du devoir judiciaire, il n'est point de plus juste théorie. Les historiens ne sont point d'accord sur l'origine de cette loi de raison pure. Toutefois, une majorité d'érudits s'est formée pour en faire honneur à Solon. Nous le reconnaissons bien là. Quelle signature autre que la sienne pourrait porter une si belle institution ? La création d'un immense tribunal populaire, animé de l'esprit de la déesse, ne peut être sortie que de la pensée d'un philosophe divin. C'est toujours par les Solon qu'on commence.

Il nous plaît donc à penser que ce fut Solon qui investit le citoyen athénien du droit et du devoir de juger. Il avait fondé le pouvoir judiciaire idéal. Il y joignait le charme de la gratuité.

En grandissant, en grossissant, en vieillissant, la démocratie s'avisa que toute peine mérite salaire. De subtils orateurs firent remarquer que seuls les citoyens aisés pourraient dérober à leurs affaires le temps de siéger dans les tribunaux. Quoi de plus juste encore ? Le principe d'une indemnité fut proclamé. Un rhéteur obscur prétend que l'auteur de ce progrès était un certain Callistratos, surnommé Parnytès. Cette assertion est inexacte. Aristote — et nous lui laissons toute la responsabilité de ce témoignage — affirme que l'inventeur du salaire judiciaire fut Périclès. C'est par les Périclès qu'on continue.

Et c'est par les Cléon qu'on achève. Cléon avait le sens pratique des campagnes électorales et le génie de l'indemnité. Il eut l'idée très simple d'augmenter le *dicasticos misthos* et de le porter à trois oboles. C'était assurer à chacun des membres du jury une rémunération quotidienne de quarante-cinq centimes. Cette réforme fut goûtée.

Pour ces neuf sous, le prolétaire paresseux, le frelon social laissait là ses outils, courait au tribunal et jugeait avec un zèle inlassable ; il achevait par un bain et un repas la journée consacrée au devoir civique ; il recommençait le lendemain. Des démagogues ingénieux demandèrent bientôt que l'indemnité fût payée non plus par jour, mais par audience ; il suffisait de multiplier les procès pour qu'un héliaste digne de ce nom pût gagner à la fois plusieurs trioboles. Cette réforme fut goûtée plus encore.

Quel joli métier, et si facile ! A la sortie du tribunal, le juge citoyen remettait son jeton de présence au caissier qui lui versait son dû. Certains caissiers, dépourvus de petite monnaie, crurent expédient de remettre une drachme à un seul héliaste, en le chargeant de changer cette drachme et de payer lui-même les camarades. Ce procédé présenta des inconvénients. Le bonhomme Philocléon, d'Aristophane, reçut ainsi pour sa part, au lieu de ses trois oboles, trois écailles de mulet, par suite d'une distraction de son collègue Lysistrate.

Cette petite mésaventure ne refroidit en rien le zèle professionnel de Philocléon. Nous le voyons, dans les *Guêpes,* se lever dès l'aube, pour aller juger. Le chœur des héliastes vient le chercher, en chantant des vers des Sidoniennes. Philocléon se fait une haute idée de la majesté des fonctions judiciaires. « Est-il un bonheur comparable à celui du juge ? Est-il un être qui vive plus au sein des délices et qui soit plus redouté ? Dès que je sors de mon lit, des hommes puissants, les plus illustres de la cité, m'attendent à la barre... Et jamais de comptes à rendre ! Qu'on me cite une autre charge qui soit irresponsable. » Après l'audience, le digne homme sait qu'il sera accueilli à la maison par mille caresses. Toute la famille accourt pour l'embrasser. Il a mis son triobole dans sa bouche. Sa fille le lave, lui parfume les pieds. « Et tout en m'appelant son cher papa, elle me pêche avec la langue mon triobole. » Cet aimable tableau domestique annonce déjà Greuze.

Si nous en croyons Aristophane, la justice aurait eu parfois à souffrir du recrutement de son clergé volontaire. Les tribunaux d'Athènes se seraient peu à peu peuplés d'oisifs, de malandrins, de paysans sans travail, de vieillards imbéciles. La pensée de

Solon fut-elle donc méconnue ? Quant aux citoyens occupés ailleurs, ils prirent un parti de protestation héroïque, celui des honnêtes gens de tous les pays : ils s'abstinrent. Aristote a observé que dans les démocraties, « les citoyens riches évitent volontiers de se mêler à la foule, se consacrent à leurs affaires personnelles, désertent les tribunaux et les assemblées ». Il était observateur, Aristote !

Mais ne devons-nous pas nous méfier d'Aristophane ? L'auteur des *Guêpes* n'avait pas trente ans lorsqu'il tournait ainsi en dérision une des institutions les plus populaires de la cité. C'était un jeune homme étourdi, caustique et prompt à généraliser. Il met dans la bouche de son héros favori des propos frivoles : « Cher père, calcule sur tes doigts le total des tributs que nous payent les villes alliées. Nous avons en outre les impôts personnels, une foule de taxes du centième, les droits de justice, le produit des mines, des marchés, des ports, du domaine public, et les confiscations. Tout cela s'élève ensemble à près de deux mille talents. » Le jeune fou Bdélycléon en conclut qu'on devrait faire l'économie du salaire des juges. Les anciens commentateurs d'Aristophane prétendaient qu'il était réactionnaire. M. Maurice Croiset rectifie : « Il appartenait de cœur et d'âme à une démocratie modérée. » Tout s'explique. Un centre gauche, quoi. Avec ces gens-là, si on les écoutait, il n'y aurait jamais de réformes ?

———

TABLE DES MATIÈRES

CHARTRES. — IMPRIMERIE DURAND, RUE FULBERT.

www.ingramcontent.com/pod-product-compliance
Ingram Content Group UK Ltd.
Pitfield, Milton Keynes, MK11 3LW, UK
UKHW021016140726
13695UKWH00001B/295